泉城文库

泉水文化丛书

第一辑 雍坚 主编

编著 陈强

趵突泉泉群

济南出版社

图书在版编目（CIP）数据

趵突泉泉群 / 陈强编著 . —— 济南：济南出版社，2024.7. ——（泉水文化丛书 / 雍坚主编）. —— ISBN 978-7-5488-6599-5

Ⅰ . K928.4

中国国家版本馆 CIP 数据核字第 2024QB4806 号

趵突泉泉群

BAOTUQUAN QUANQUN

陈 强 编著

出 版 人 谢金岭
责任编辑 贾英敏
封面设计 牛 钧
图片统筹 左 庆

出版发行 济南出版社
地 址 山东省济南市二环南路 1 号（250002）
总 编 室 0531-86131715
印 刷 济南新先锋彩印有限公司
版 次 2024 年 7 月第 1 版
印 次 2024 年 7 月第 1 次印刷
开 本 160mm×230mm 16 开
印 张 9.5
字 数 120 千字
书 号 ISBN 978-7-5488-6599-5
定 价 56.00 元

如有印装质量问题 请与出版社出版部联系调换
电话：0531-86131736

总　序

　　文化，源自《周易》中所讲的"观乎人文，以化成天下"。自然形态的泉水，在与人文影响相结合后，才诞生了泉水文化。通过考察济南泉水文化的衍生轨迹，可以看到，泉水本体在历史上经历了从专名到组合名、从组合名到组群名这样一个生发过程。

　　"泺之会"和"鞌之战"是春秋时期发生于济南的两件知名度最高的大事（尽管"济南"这一地名当时尚未诞生）。非常巧合的是，与这两件大事相伴的，竟然是两个泉水专名的诞生。《春秋》记载，鲁桓公十八年（前694），鲁桓公和齐襄公在"泺"相会。"泺"，源自泺水。而"泺水"，既是河名，又是趵突泉之初名。北魏郦道元在《水经注》中推测，泺水泉源一带即"公会齐侯于泺"的发生地。"鞌之战"发生于鲁成公二年（前589），《左传》记述此战时，首次记载华不注山下有华泉。

　　东晋十六国时期，第三个泉水专名——"孝水"（后世称"孝感泉"）诞生。南燕地理学家晏谟在《三齐记》中记载："其水平地涌出，为小渠，与四望湖合流入州，历诸廨署，西入泺水。耆老传云，昔有孝子事母，取水远。感此，泉涌出，故名'孝水'。"北魏时期，郦道元在《水经注》中，所记济南泉水专名有6个，分别是泺水、舜井、华泉、西流泉、白野泉和百脉水（百脉泉）。北宋，济南泉水家族扩容，达到30余处。济南文人李格非热爱家乡山水，曾著《历下水记》，将这30余处泉水详加记述，惜未传世。后人仅能从北宋张邦基所著《墨庄漫录》中知其梗概："济南为郡，在历山之阴。水泉清冷，凡三十余所，如舜泉、爆流、金线、真珠、孝感、玉环之类，皆奇。李格非文叔作《历下水记》叙述甚详，文体有法。曾子固诗'爆流'作'趵突'，未知孰是。"

伴随着济南泉水专名的增加，到了金代，济南泉水的组合名终于出场，这就是刻在《名泉碑》上的"七十二泉"。七十二，古为天地阴阳五行之成数，亦用以表示数量众多，如《史记》载"古者封泰山禅梁父者七十二家"、唐诗《梁甫吟》中有"东下齐城七十二"之句。金《名泉碑》未传世至今，所幸元代地理学家于钦在《齐乘》中将泉名全部著录，并加注了泉址，济南七十二泉的第一个版本因此名满天下。金代七十二泉的部分名泉在后世虽有衰败隐没，但"七十二泉"之名不废，至今又产生了三个典型版本，分别是明晏璧《济南七十二泉诗》、清郝植恭《济南七十二泉记》和当代"济南新七十二名泉"。此外，明清时期，还有周绳所录《七十二泉歌》、王钟霖所著《历下七十二泉考》等五个非典型七十二泉版本出现。如果把以上九个版本的"七十二泉"合并同类项，总量有170余泉。从金代至今，只有趵突泉、金线泉等十六泉在各时期都稳居榜单。

俗语云："物以类聚，人以群分。"意为同类的事物经常聚集在一起，志同道合的人往往相聚成群。当济南的泉水达到一定数量时，"泉以群分"的现象就应运而生了。

20世纪40年代末，济南泉水的组群名开始出现。1948年，《地质论评》杂志第13卷刊发国立北洋大学采矿系地质学科学者方鸿慈所著《济南地下水调查及其涌泉机构之判断》一文，首次将济南泉水归纳为四个涌泉群：趵突泉涌泉群（内城外西南角）、黑虎泉涌泉群（内城外东南角）、贤清泉涌泉群（内城外西侧）和北珍珠泉涌泉群（内城大明湖南侧）。

1959 年，山东师范学院地理系教师黄春海在《地理学资料》第 4 期发表《济南泉水》一文，将济南市区泉水划分为趵突泉泉群、黑虎泉泉群、珍珠泉泉群、五龙潭泉群和江家池泉群。同年，黄春海的同事徐本坚在《山东师范学院学报》第 4 期发表《泰山地区自然地理》一文，提出济南市区诸泉大体可分为四群：趵突泉泉群、黑虎泉泉群、五龙潭泉群、珍珠泉泉群。此种表述虽然已经与后来通行的表述一致，但当时并未固定下来。1959 年 11 月，山东师范学院地理系编著的《济南地理》（徐本坚是此书的参编者之一）一书中对济南四大泉群又按照方位来命名，分别是：城东南泉群、城中心泉群、城西南泉群、城西缘泉群。

通过文献检索可知，济南四大泉群的表述此后还经历了数次变化和反复。譬如，1964 年 4 月，郑亦桥所著《山东名胜古迹·济南》一书中，将济南四大泉群表述为"趵突泉群、黑虎泉群、珍珠泉群和五龙潭泉群"；1965 年 5 月，山东省地质局水文地质观测总站所编《济南泉水》中，将济南四大泉群表述为"趵突泉—白龙湾泉群、黑虎泉泉群、五龙潭—古温泉泉群和王府池泉群"；1966 年，油印本《济南一览》一书中，将济南四大泉群表述为"趵突泉泉群、黑虎泉泉群、五龙潭泉群和珍珠泉泉群"，与 1959 年发表的《泰山地区自然地理》一文所述一致；1986 年，山东省地图出版社编印的《济南泉水》中，将四大泉群复称为"趵突泉群、黑虎泉群、五龙潭泉群和珍珠泉群"；1989 年，济南市人民政府所编《济南历史文化名城保护规划图集》将济南四大泉群复称为"趵突泉泉群、珍珠泉泉群、五龙潭泉群和黑虎泉泉群"。此后，这一表述才算固定下来。

2004 年 4 月 2 日，由济南名泉研究会、济南市名泉保护管理办公室组织进行的历时五年的济南新七十二名泉评审结果揭晓，同时还公布了新划出的郊区六大泉群，这样加上市区原有的四大泉群，就有了济南十大泉群的划分，它们是：趵突泉泉群、黑虎泉泉群、珍珠泉泉群、五龙潭泉群、白泉泉群、涌泉泉群、玉河泉泉群、百脉泉泉群、袈裟泉泉群、洪范池泉群。十大泉群的划分，是本着有利于泉水的保护和管理、有利于旅游和开发的原则，依据泉水的地质结构、流域范围，在20平方公里范围内有泉水数目20处以上，且泉水水势好，正常年份能保持常年喷涌，泉水周围有良好的自然环境和历史文化内涵等标准进行的。

2019年1月，国务院批复同意山东省调整济南市、莱芜市行政区划，撤销莱芜市，将其所辖区域划归济南市管辖。伴随着济莱区划调整，新设立的济南市莱芜区和济南市钢城区境内的泉水，加入济南泉水大家族。2020年7月至2021年7月，济南市城乡水务局（济南市泉水保护办公室）再次开展全市范围内的新一轮泉水普查工作。在泉水普查的基础上，邀请业内专家对新发现的500余处泉水逐一进行评审，新增305处泉水为名泉，其中，莱芜区境内有72泉，钢城区境内有30泉。2023年，在《济南市名泉保护总体规划（2023—2035年）》编制过程中，根据泉水出露点分布情况，结合历史人文要素与自然生态条件划定了十二片泉群，即趵突泉泉群、黑虎泉泉群、珍珠泉泉群、五龙潭泉群、白泉泉群、涌泉泉群、百脉泉泉群、玉河泉泉群、袈裟泉泉群、洪范池泉群、吕祖泉泉群及舜泉泉群。其中，吕祖泉泉群（莱芜区境内诸泉）和舜泉泉群（钢城区境内诸泉）为新增。

稍加回望的话，在市区四大泉群之外，济南郊区诸泉群名称的出现，也是有迹可循的。1965年7月，山东省地质局八〇一队李传谟在油印本《鲁中南喀斯特及其水文地质特征的研究》中记载了今章丘区境内的明水镇泉群（包括百脉泉）、绣水村泉群，今长清区境内的长清泉群，今莱芜区境内的郭娘泉群。据2013年《济南泉水志》记载，20世纪80年代后，省市有关部门及高校有关科研人员和学者，对济南辖区内的泉群及其泉域划分形成了各种不同的说法，但济南辖区内有三个泉水集中出露区和七个泉群的说法，为大多数人所认同。三个集中出露区即济南市区（包括东郊、西郊）、章丘区明水、平阴县洪范池一带；七个泉群即趵突泉泉群、黑虎泉泉群、五龙潭泉群、珍珠泉泉群、白泉泉群、明水泉群、平阴泉群。

泉群是泉水出露的一种聚集形式。泉群的划分，则是对泉水分布所作的人为圈定，如根据泉水分布的地理区域集中性、泉水的水文地质条件进行的划分，以及从泉水景观的保护、管理和开发等角度进行的划分。因此，具体到每个泉群内所含的泉水和覆盖范围，亦是"时移事异"的。以珍珠泉泉群为例，1948 年，方鸿慈视野中的北珍珠泉涌泉群，仅有"北珍珠泉、太乙泉等 8 处以上泉水"；1966 年油印本《济南一览》中，珍珠泉泉群有珍珠泉等 10 泉；1981 年济南市历下区地名办公室所绘《济南历下区泉水分布图》上，将护城河内老城区中的 34 泉悉数列入珍珠泉泉群；1997 年《济南市志》将珍珠泉泉群区域再度缩小，称"位于旧城中心的曲水亭街、芙蓉街、东更道街、院前街之间"，共有泉池 21 处（含失迷泉池 2 处）；2013 年《济南泉水志》将珍珠泉泉群的范围扩大至老城区中所有的有泉区域，总量也跃升为济南市区四大泉群之首，计有 74 处；2021 年 9 月，伴随着"济南市新增 305 处名泉名录"的公布，护城河以内济南老城区的在册名泉（珍珠泉泉群）达到 107 处。

当代，记述济南泉水风貌、泉水文化的出版物已有多种，可谓琳琅满目，而本丛书以泉群为单位，对济南市诸泉进行风貌考察、文化挖掘、名称考证，便于读者从泉水群落的角度去考察、关注、研究各泉的来龙去脉。十二大泉群之外散布的名泉，皆附于与其邻近的泉群后一一记述，以成其全。如天桥区散布的名泉附于五龙潭泉群之后，近郊龙洞、玉函山等名泉附于玉河泉泉群之后。

值得一提的是，本丛书所关注的济南各泉群诸泉，并不限于当代业已列入济南名泉名录的泉水，还包括各泉群泉域内的三类泉水：一是新恢复的名泉，如珍珠泉泉群中新恢复的明代名泉北芙蓉泉；二是历史上曾经存在、后来湮失的名泉，如趵突泉泉群中的道村泉、通惠泉，白泉泉群中的老母泉、当道泉，吕祖泉泉群中的郭娘泉、星波泉；三是现实存在，但未被列入名泉名录的泉水，这些泉水或偏居一隅，鲜为人知，如玉河泉泉群中的中泉村咋呼泉、鸡跑泉，或季节性出流，难得一见，如袈裟泉泉群中的一口干泉、洪范池泉群中的天半泉。在济南泉水大家族中，它们虽属小众，但往往是体现济南泉水千姿百态的另类注脚。

本丛书在编撰过程中参考了《千泉之城——泉城济南名泉谱》等众多当代济南泉水文化出版物，得到了济南市城乡水务局（济南市泉水保护办公室）、济南市勘察测绘研究院、山东省地矿局八〇一水文地质工程地质大队等单位的大力支持，谨此诚致谢忱！

亘古以来，济南的泉脉与文脉交相依存，生生不息。济南文化之积淀、历史之渊源，皆与泉水密切相关。期待这套《泉城文库·泉水文化丛书》开启您对济南的寻根探源之旅！

雍坚

2024 年 6 月 10 日

目 录

趵突泉泉群概述

趵突泉泉群位于济南旧城区西南部，趵突泉南路以西、坤顺桥以南，包括趵突泉园区及其附近地区。在约 0.17 平方公里的范围内，集中分布着泉池 20 余处，其中绝大部分集中在趵突泉园区内，其余的分布在公园周边的街巷中。趵突泉园区内的主要名泉有趵突泉、金线泉、皇华泉、柳絮泉、卧牛泉、漱玉泉、马跑泉、无忧泉、石湾泉、湛露泉、满井泉、登州泉、杜康泉（北煮糠泉）、望水泉等，这 14 处泉属于济南新七十二名泉；趵突泉园区内其他泉水还包括老金线泉、螺丝泉、浅井泉、洗钵泉、混沙泉、酒泉、尚志泉、沧泉、花墙子泉、板桥泉、东高泉、白云泉、泉亭池、白龙湾泉等；分布在景区周边街巷中的泉水有灰池泉、饮虎池等。

据 20 世纪 60 年代的统计记录，趵突泉泉群的总涌水量一般为 6 万立方米 / 日，最大达 23 万立方米 / 日。据 1973 ~ 1977 年测量的数据，该泉群每日平均流量为 3.63 万立方米（折算 0.42 立方米 / 秒），最大为 10.45 万立方米，最小为 0.63 万立方米。据 2010 年不同时期的测量数据，该泉群每日平均流量为 3.38 万 ~ 12.11 万立方米之间。趵突泉泉群的泉水大部分由趵突泉园区东部和北部流出，汇入西护城河。

趵突泉泉群所在区域是国家 5A 级旅游景区天下第一泉风景区的核心景区。趵突泉泉群中的绝大部分泉点都位于趵突泉园区内，趵突泉位于公园的中部区域，三股泉水南北排列，从长 30 米、宽 18 米的石砌方池的池底向上喷涌而出，声震如雷，蔚为壮观。趵突泉泉池西临观澜

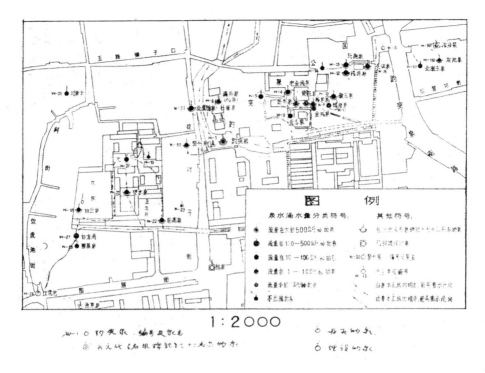

1:2000

趵突泉－白龙湾泉群分布图　据 1965 年《济南泉水》

亭、北临泺源堂、东接来鹤桥，现存建筑均为清代建筑。其中泺源堂建筑的历史可追溯至北宋时期，时任齐州（今济南）知州的曾巩为趵突泉命名，并在泉北修建泺源堂、历山堂，后来几经改建，现为泺源堂、娥英祠和三圣殿 3 座建筑。名列金《名泉碑》、明《七十二泉诗》和济南新七十二名泉的满井泉，位于娥英祠和三圣殿之间院落的西南隅。泺源堂和娥英祠之间院落的南侧，西面立有康熙题字、乾隆题诗的"双御碑"原碑，东面立有康熙《趵突泉诗》的复刻碑。

　　来鹤桥北以东为望鹤亭，再向东为尚志书院，尚志书院有南北各三间厅房，南面厅房匾额曰"尚志书院"，北面厅房匾额曰"尚志堂"。

南北厅房之间的小院中有一小池，为尚志泉，泉池旁立有奇石，名"待月峰"。尚志书院原为晚清名臣、时任山东巡抚丁宝桢所建，现在的尚志书院是2011年在原书院的一隅复建，面积比原来大为减小。尚志堂东北侧为皇华轩，这个建筑周围分布着5个石砌方池，是景区内古今名泉较为集中的地方。皇华轩西侧为老金线泉，曾经是仅次于趵突泉的济南第二名泉，收录于金《名泉碑》、明《七十二泉诗》和清《七十二泉记》中，后来由于不复"金线"奇观而让位于济南新七十二名泉的(新)金线泉，(新)金线泉与老金线泉相隔不远，在皇华轩东南侧，北与柳絮泉相邻。皇华轩的正南方，东西并列的是皇华泉和卧牛泉。皇华泉和柳絮泉均收录于金《名泉碑》、明《七十二泉诗》和清《七十二泉记》中，而卧牛泉则名列金《名泉碑》和明《七十二泉诗》。皇华轩向东不远是李清照纪念堂。李清照纪念堂由原丁宝桢祠堂改建而成，这里也是原尚志书院的一部分。

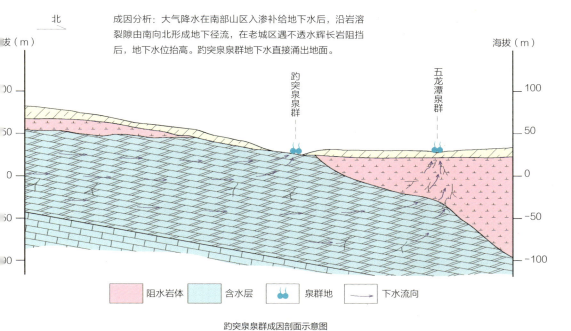

趵突泉泉群成因剖面示意图

李清照纪念堂院内有洗钵泉，曾收录于金《名泉碑》、明《七十二泉诗》和清《七十二泉记》中。李清照纪念堂大门南侧有漱玉泉，漱玉泉南侧有一片水池，为螺丝泉。李清照纪念堂东面为马跑泉。漱玉泉和马跑泉均收录于金《名泉碑》、明《七十二泉诗》和清《七十二泉记》中，也都是济南新七十二名泉之一。马跑泉东北面是浅井泉，浅井泉北侧为混沙泉，三泉连为一池。浅井泉和混沙泉均收录于金《名泉碑》和明《七十二泉诗》中。浅井泉与混沙泉以南，漱玉泉以东，在绿荫丛中立有一块高大的太湖石，这便是元代张养浩所收藏、明代被称为"四灵石"之一的"龙石"。此石最初立于府学文庙泮池边，1979年被移入趵突泉园区，称"龟石"，堪称"济南第一名石"。

在趵突泉东南不远处，是纪念明代文学后七子领袖、济南历城人李攀龙而重建的白雪楼，白雪楼南侧有一湾水池，水池内自西向东分别有湛露泉、石湾泉和酒泉。三泉均收录于金《名泉碑》和明《七十二泉诗》中，其中湛露泉和石湾泉为济南新七十二名泉。白雪楼西北侧有一水池与趵突泉池相连通，为无忧泉，收录于金《名泉碑》、明《七十二泉诗》、清《七十二泉记》和济南新七十二名泉中。从白雪楼向东跨过枫溪，便来到了纪念李攀龙的建筑群沧园（以李攀龙的号"沧溟"命名）。进入沧园后向东不远，路北侧有一水池，为沧泉。

趵突泉泉池的西侧，原为济南老街巷花墙子街，1997年趵突泉园区扩建时，街道和民居被拆除，街道两边原有泉点被保留或挖掘出来，如今观澜亭西侧自南向北一线依次分布有登州泉、杜康泉和花墙子泉。其中，登州泉和杜康泉均收录于金《名泉碑》、明《七十二泉诗》和济南新七十二名泉中。花墙子泉向北不远，是济南古桥大板桥，过大板桥向东，桥头向北为2006年新挖掘出的板桥泉。

趵突泉园区的西南隅为万竹园，万竹园内建筑原为民国山东督军张怀芝修建的私宅"张家花园",是一座江南园林与北方庭院风格相结合的建筑群,其中的木雕、砖雕、石雕精美细腻,被称为万竹园"三绝"。2019 年,万竹园被国务院公布为第八批全国重点文物保护单位。万竹园中有泉水 5 处:望水泉、东高泉、白云泉、泉亭池和白龙湾泉。望水泉位于万竹泉西院,在西院第一进院落(杏院)的北侧;东高泉位于万竹园东门南侧;白云泉位于万竹园西南隅的西花园内;泉亭池位于望水泉以北,为万竹园西院第二进院落(海棠院)和第三进院落(木瓜院)之间的水池;白龙湾泉位于万竹园西南侧。其中,望水泉和东高泉均收录于金《名泉碑》、明《七十二泉诗》中,望水泉为济南新七十二名泉。

在趵突泉园区外,还零星散落着几处泉水。饮虎池,原位于趵突泉园区西南方,饮虎池街南首,1993 年因城市建设而被填埋,2001 年在原址东北侧的人行道旁择址重建。灰池泉,位于趵突泉园区以东,南护城河西端南岸,收录于金《名泉碑》、明《七十二泉诗》和清《七十二泉记》中。

在历史上,趵突泉园区周边还曾有北漱玉泉、青龙泉、道村泉、围屏泉、对康泉、井影泉、劳动泉、迎香泉等多处泉水,由于种种原因,目前这些泉水或已被填埋,或已湮淤,或迷失其址,均消失在历史的长河中。

趵突泉

　　趵突泉位于天下第一泉风景区的趵突泉园区内，是古泺水之源，也称"泺源"，俗称"三股水"，古代曾称"槛泉""温泉""爆流泉"等。金《名泉碑》、明《七十二泉诗》、清《七十二泉记》均有收录，现为济南新七十二名泉之首，如今更被誉为"天下第一泉"。"趵突腾空"胜景不仅是明代"济南八景"之一，也是当代"泉城新八景"之首。趵突泉泉池历经修葺，现为石砌长方形，东西长30米，南北宽20米，深1.75米。日涌量最大可达24万立方米。汇入西护城河。1956年依泉建园，称"趵突泉公园"。以趵突泉为中心，加上周围20余泉，统称为"趵突泉泉群"。

趵突泉　李华文摄

趵突泉历史悠久，文化底蕴深厚。趵突泉为古泺水之源，"泺"字早在 3500 多年前的甲骨文中便有记载。2000 多年前的史书《春秋》记述了鲁桓公十八年（前 694）"（鲁桓）公会齐侯于泺"的史实。"泺"一般指今趵突泉一带。1400 多年前的著名地理著作《水经注》第一次详细描绘了趵突泉的地理位置与形态。940 多年前，北宋著名文学家曾巩出任齐州（今济南）知州，作《齐州二堂记》，首次命名了"趵突泉"这一名称，并论证了趵突泉等济南泉水的源头为南部山区。800 多年前，金代的《名泉碑》（佚文收录于元代《齐乘》中）首次提出"济南七十二泉"之说，奠定了趵突泉作为诸泉之首的地位。金末和蒙古太宗时期，几次来济南游历的文学家元好问及元代文坛大家赵孟頫和张养浩更是对趵突泉推崇备至。元好问在《济南行记》中称"济南名泉七十有二，爆流为上"；赵孟頫和张养浩在《趵突泉》诗中，更是不约而同称趵突泉"天下无"（赵孟頫诗句"泺水发源天下无"，张养浩诗句"奇观天下无"），趵突泉作为"天下第一泉"在元代已具雏形。明、清两代，题咏趵突泉的文人墨客更是不计其数，如王守仁、王士禛、施闰章、田雯、何绍基、蒲松龄等。近现代的郭沫若、柳亚子、老舍等文人名流，都曾造访过趵突泉并留下了赞颂诗文。

趵突泉周边名胜古迹众多，其建筑历史可追溯至 1500 年前。据《水经注》记载，"（趵突）泉源有舜妃娥英庙"，因此泺水又被称为"娥姜水"。北宋时，曾巩在趵突泉边建泺源堂和历山堂（金元时期改建为吕祖庙，1949 年后复建为泺源堂、娥英祠和三圣殿）。明代始建观澜亭、望鹤亭、来鹤桥、蓬山旧迹坊、白雪楼等建筑，经过历次修葺和复建，留存至今。此外，趵突泉周边还留存有康熙、乾隆两位皇帝题的"双御碑"，以及"观澜""趵突泉""第一泉"等历代文人咏泉诗文碑刻。

明清时期，趵突泉周边还曾建有历山书院和尚志书院，它们对于济

趵突泉　左庆摄

趵突泉　陈希军摄

南乃至山东的文化教育产生了重大影响。历山书院（后称"白雪书院"）是为纪念明代"后七子"领袖、济南著名文学家李攀龙，由明万历年间山东巡盐御史毕懋康在趵突泉东创建的，后废弃。清雍正年间，山东巡抚岳濬在芙蓉街西的都指挥使司旧署创建省会书院，后定名为"泺源书院"，以纪念趵突泉畔的白雪书院。泺源书院是清代山东最大的官办书院，1901年改建为官立山东大学堂，即山东大学的前身。尚志书院为清同治年间山东巡抚丁宝桢在金线泉边创建的，后改为校士馆，又改为师范传习所、存古学堂等。1912年，存古学堂并入山东高等师范学校，即山东师范大学的前身。

趵突泉最显著的特征是"平地涌出""三窟并起"，因此也被济南百姓形象地称为"三股水"。其实，历史上趵突泉的最早形态并不是三股水，而是一股水，甚至在民国时期还曾经有过六股水、九股水。

历史上最早记录趵突泉形态的是北魏郦道元的《水经注》："（趵突泉）泉源上奋，水涌若轮。"后宋、金、元以及明初描写趵突泉的诗文，都没有提到过趵突泉三股水的形态。尤其是元代张之翰的"蹙碎山根雪一堆"、明代王弼的"平地一朵白玉莲"等诗句,更是明确了趵突泉的形态为一股水。

最早将趵突泉描述为三股水形态的应该是明代乔宇和谷继宗。乔宇的《观趵突泉记》称"其泉凡三穴,其出喷高尺许,珠沫大涌";谷继宗的《重修观澜亭记》称"其平地涌泉三孔,名曰趵突泉,为七十二泉之冠"。

乔宇是山西乐平人,成化二十年(1484)进士,他幼年在北京学习,中进士后才开始游览各地山川。乔宇的济南之行应该在1484年之后。谷继宗的生卒年不详,大约在成化至嘉靖年间。谷继宗是济南本地人,据崇祯《历城县志》记载,谷继宗宅在按察司街附近,在金线泉另有别业(谷继宗亭)。因此,谷继宗对于趵突泉应该相当熟悉,但从未在作品中提及趵突泉有过一股水,因此趵突泉形成三股水的时间应该远远早于谷继宗出生前,甚至早于乔宇济南之行的时间。明成化以后,描述趵突泉三股水形态的诗文才逐渐增多。关于趵突泉由一股水变为三股水的原因,据张华松先生研究,应该与明代中期朝廷崇信道教有关。古代有一种观点认为趵突泉来源于济水,而济水发源于王屋山,王屋山为道教十大洞天之首。此外,趵突泉边还有金元时期的道教建筑吕祖庙,这就使趵突泉被赋予了很多的道教文化色彩。将趵突泉由原来的一股水人工改造为三股水,象征了道教神话传说中的"蓬莱""方丈""瀛洲"三座海外仙山,使趵突泉更加契合道教气质。这种说法有一定道理,但将"水涌若轮""声如隐雷"的趵突泉由一股水改造为三股水并不是一件轻而易举的事,而且此事在明代文献中未见任何记载。笔者认为,趵突泉从一股水变为三股水的原因,还是自然因素更多一些。据1982年陶良喜编著的《济南的泉水》一书中介绍,目前已知的趵突泉地质情况为:从地

趵突泉　吕传泉摄

表向下 30 米的大理岩中，特别发育的裂隙、溶洞在地表向下 24 米处成为地下水集中和上升的渠道，上升的地下水流从相距 2.3 米的两个洞隙中蹿出地面，成为三股水的南、北两股；从北股洞隙中又分流出一股水，在靠近北股的南侧涌出地表，即为中间一股。也就是说，趵突泉形成三股水主要是地下几十米深处的裂隙、溶洞多年来逐渐发育的结果。后人只是在三股水涌出地面处加了凿孔的石板或铁管，以修正喷涌形态，最终形成了外形似"海外仙山"的三股水。民国期间，趵突泉附近建起了自来水厂，并在来鹤桥两侧的泉池中新凿了多处泉眼，因此这一时期的趵突泉最多曾经出现过九股水一起喷涌的景观。

1956 年，人民政府将趵突泉及其周围辟建为公园，疏浚和拓宽了泉池，并改装了趵突泉泉口，用 3 米余长的钢管取代了原三股水泉口中的石雕圆孔。后来又将民国时期新凿的几处泉眼封闭，这才使趵突泉又恢复了三股水的本来面貌。

　　趵突泉被称为"天下第一泉"，目前是举世公认的。但在不同历史时期，全国曾经有过多处"天下第一泉"。唐代状元张又新在《煎茶水记》中，引述了刑部侍郎刘伯刍和"茶圣"陆羽分别比较了全国各处适宜饮茶之水，刘伯刍认为扬子江"南零（泠）水"（后经沧桑变化，扬子江河床变化，南泠水位置成为江岸，出露为镇江中泠泉）为第一，陆羽则首推江西九江庐山康王谷水帘水（即谷帘泉）为第一，后世分别称其为"天下第一泉"。清代乾隆皇帝在乾隆十六年（1751）撰《玉泉山天下第一泉记》，以各地泉水的轻重为标准，钦定北京玉泉山的玉泉为"天下第一泉"。济南的珍珠泉因重量仅次于北京玉泉而排名第二，而趵突泉甚至都没有被乾隆列入候选名单，但后世却误以为是乾隆皇帝将"天下第一泉"的称号给了趵突泉，或是认为乾隆皇帝先封了玉泉为"天下第一泉"，游览趵突泉后又封趵突泉为"天下第一泉"。这其中的历史真相，要从康熙和乾隆两位皇帝与趵突泉的故事讲起。

　　康熙皇帝是一位真正对趵突泉充满热爱的皇帝，他在位期间六次南巡，其中三次驾临济南，游览趵突泉。第一次游趵突泉，便命内侍卫以银碗汲泉水饮之，对趵突泉大加赞赏，称"此泉为名胜之地"。每次游趵突泉均有题字题诗，建御书亭三座，目前尚存"激湍""源清流洁"等题字和多处题诗。乾隆皇帝对他祖父非常崇拜，自然也对趵突泉充满向往，乾隆十三年（1748）他第一次来济南，在短短的四天时间里就两次游览趵突泉，并为趵突泉题诗两首，第一首是和康熙《趵突泉》诗的《恭依皇祖趵突泉诗韵》，第二首则是赞美趵突泉美景的《再题趵突泉》，称趵突泉"致我清跸两度临，却为突泉三窦美""拈咏名泉亦已多，汎兹实可称观止"。也就是说，乾隆皇帝这时候是承认趵突泉三股水的美景是其他名泉所不能比的。只可惜，乾隆皇帝对济南趵突泉的赞美到此

趵突泉　左庆摄

为止，几天之后的一场变故，使得乾隆皇帝对于济南城有了莫名的"忌恨"。更是因为此事，引发了之后一连串的政治事件。而乾隆皇帝也性情大变，由即位初期的宽厚仁和，转变为后期的严苛刻薄。事情的起因就是，乾隆皇帝最心爱的女人病倒在这次旅途中，不久便病逝在德州。这个女人并不是大明湖畔的夏雨荷，而是乾隆皇帝的皇后富察氏。富察氏与乾隆皇帝感情十分融洽，可以算得上是乾隆皇帝的灵魂伴侣。只可惜她与乾隆皇帝的两个嫡子都先后夭亡，致使乾隆皇帝想让自己嫡子承继大统的愿望落空。在乾隆皇帝的第二个嫡子夭亡不久的乾隆十三年（1748）春，乾隆皇帝与皇后、皇太后等一行人开始了他即位后的第一次巡幸山东之行，一是为了瞻拜泰山和曲阜孔庙，二是为了排解富察皇后的丧子之痛。在巡幸泰山、曲阜后，返程途中巡幸了济南城，这是乾隆皇帝第一次进入济南城，也是唯一一次入济南城。但乾隆皇帝在济南城仅仅待了四天（三月初四到三月初七），便匆匆离开济南返京，因为富察皇后在济南病倒了，并在返程途中病情加重，于三月十一日病逝于德州的船上。从此，乾隆皇帝就再也没有为趵突泉题过诗，甚至以后南巡、东巡，有八次路过山东，也没有进过济南城。乾隆皇帝更是把这种情绪转嫁到趵突泉身上，在乾隆皇帝巡幸济南趵突泉三年后的乾隆十六年（1751），乾隆皇帝作御制《玉泉山天下第一泉记》，称："水之德在养人，其味贵甘，其质贵轻。然三者正相资，质轻者味必甘，饮之而蠲痾益寿。故辨水者，恒于其质之轻重分泉之高下焉。尝制银斗较之：京师玉泉之水，斗重一两；塞上伊逊之水，亦斗重一两；济南之珍珠泉，斗重一两二厘；扬子江金山泉，斗重一两三厘。……若至此，则定以玉泉为天下第一泉矣。"

上述几个关于"天下第一泉"的评选和认定，都是仅仅从饮茶之水的角度来判断，评定范围和评定标准有很大的局限性。乾隆皇帝仅凭称重的方式评定泉水优劣，有失偏颇；唐代陆羽和刘伯刍的评定方式则带有明显的地域性。正如清代文学家唐梦赉所说："吾行几遍天下，所谓第一、第二泉者，皆不及吾济诸泉，惜陆羽未品之耳。"

趵突泉被称为"天下第一泉"，其中"天下第一"包含多个意思，是国内其他泉无法企及的。首先是趵突泉的形态独特，三窟并起，形似海外仙山——蓬莱、方丈、瀛洲三峰耸立，故古人多以"蓬壶""玉壶"形容趵突泉。其次是趵突泉的喷涌量巨大，气势惊人。赵孟頫称其"云雾润蒸华不注，波涛声震大明湖"，张养浩称其"三尺不消平地雪，四时常吼半空雷"。再次，趵突泉"源出闹市，独流入海"，在金代以后成为小清河的源头之一。一条流入海洋的河流，其源头竟是处于城市中心区域的一眼泉水，这种奇观不仅在中国，在世界上也是绝无仅有的。此外，趵突泉还创造了文化史上多项"天下第一"：一是最早见诸文字的泉水（甲骨文中有"泺"）；二是最早见诸史书的泉水（《春秋》中

1917 年代趵突泉观澜亭旁的石碑

20 世纪 30 年代，趵突泉泉池附近人工开凿的三股泉水

有"添");三是被描写所用喻词最多,古代诗歌写趵突泉时多用"玉树""蓬壶""雪涛""涌莲"等作比,据侯林先生的不完全统计,这种喻词多达1000多个;四是历代次韵诗最多,据周长风、刘书龙辑注的《赵孟頫〈趵突泉〉历代次韵诗辑注》一书统计,仅赵孟頫《趵突泉》诗的历代次韵诗传世者就有158首之多。五是趵突泉的水质好,自古以来就是饮用烹茶的佳品,不输于任何其他国内名泉。宋代曾巩《趵突泉》诗中有"滋荣冬茹湿常早,涧泽春茶味更真"之句。现代水质检测资料表明,济南泉水的矿化度为300～500毫克/升,属低矿化水;pH值在7.6～7.9,为中性至弱碱性;总硬度(以$CaCO_3$计)为210～300毫克/升,属中度硬水。化学指标符合国家生活饮用水卫生标准,可谓水质优良,甘甜爽口,泉水中锂、锶、偏硅酸等对人体有益的微量元素均达到或接近于天然矿泉水的标准。

历代文人墨客对趵突泉的诗文赞颂,则更加稳固了趵突泉"天下第一泉"的地位。宋代曾巩称"齐多甘泉,冠于天下"。元代于钦称"济南山水甲齐鲁,泉甲天下"。清代乾隆皇帝诗中称"拈咏名泉亦已多,汜兹实可称观止"。蒲松龄盛赞趵突泉为"海内之名泉第一,齐门之胜地无双"。《趵突泉志》称其为"寰中之绝胜,古今之壮观"。当代历史学家郭沫若也留下了"普天诚第一,历时岂三千"的诗句。此时,趵突泉"天下第一泉"的身份已是众望所归。

2013年,济南市在原来趵突泉公园、环城公园、五龙潭公园、大明湖风景区的基础上进行全面整合提升,组建天下第一泉风景区。2013年8月,天下第一泉风景区正式获批国家5A级旅游景区,成为济南市第一个5A级景区。

金线泉

金线泉位于趵突泉园区内，在尚志堂和皇华轩之间，老金线泉东约20米处。泉池呈长方形，为石砌，东西长2.68米，南北宽1.65米，深0.66米。泉水经暗渠汇入西护城河。老金线泉曾经是济南诸泉中的第二名泉，金《名泉碑》、明《七十二泉诗》、清《七十二泉记》均有收录。金代元好问在《济南行记》中说："凡济南名泉七十有二，爆流为上，金线次之，珍珠又次之。若玉环、金虎、黑虎、柳絮、皇华、无忧、洗钵及水晶簟，非不佳，然亦不能与三泉侔矣。"

金线泉因水中一条游移的波纹水线在阳光映照下如同金丝而得名。但这种奇特的景象并非随时都能看到，金代元好问曾在泉边逗留三四日都不得一见。元代张养浩也在诗中感叹："久闻金线奇，屡至未曾遇。"明清时期，金线尚能清晰见到。民国时期的一次意外事故，使得金线泉难以再现金线奇观。1956年，趵突泉园区扩建时，在原金线泉东约20米处一所石砌的小池中也发现了金线。于是人们便将此泉称为"金线泉"，而将原金线泉改称"老金线泉"。

关于金线泉中"金线"的成因，清代文学家刘鹗在《老残游记》中曾作出推测：可能是由于泉池底的两股泉水，力量相敌，所以在中间挤出这一条线来。与刘鹗同时代的清人濮文暹在《见在龛集·说金线泉》中也作了较为科学的解释："自西睨之，水纹一丝，横分泉面为二，终不相混，厥色独黄，金谓有泉并上涌，力均而相敌，界成一线，又斜受日光、状厥形，故似'金线'名"。濮文暹（1830—1909年），江苏溧水县崇贤乡（今柘塘乡）地溪村人，同治四年（1865）进士，光绪年间曾任南阳、开封等地知府，晚年在其长子濮贤恪任所就养。濮贤恪，光绪年间曾任蒙阴知县。

历史上最早记载金线泉的是宋人。宋代吴曾的《能改斋漫录》引用了《渑水燕谈录》中的记载："（金线泉）石甃方池，广袤丈余，泉乱发其下，东注城壕中，澄澈见底。池心南北有金线一道，隐起水面。以

金线泉　左庆摄

油滴一隅，则线纹远去。或以杖乱之，则线辄不见，水止如故。"据考证，对金线泉的记载大约出现在公元975年到995年的北宋初年。它当时为济南乡宦张聪私人园林中的泉，在当时就是历下胜景。曾宦游济南的曾巩、苏辙都先后作诗，题咏了金线泉的秀与奇。曾巩诗曰："玉甃常浮灏气鲜，金丝不定路南泉。云依美藻争成缕，月照灵漪巧上弦。"苏辙诗曰："枪旗携到齐西境，更试城南金线奇。"北宋李格非的《历下水记》也记载了金线泉。宋代《墨庄漫录》记录了当时济南的三十多处泉水，金线泉为其中之一："济南为郡在历山之阴，水泉清泠，凡三十余所，如舜泉、爆流、金线、真珠、孝感、玉环之类皆奇。"元代，金线泉这一张氏园亭中的私人景观成为娱乐场所。明代王象春《金线泉秀春院》诗曰："金线泉西是乐司，务头不唱旧宫词。山羊坡带寄生草，揭调琵琶日暮时。"诗注："西郊泉上秀春院，设自胜国。恶妓俚曲，尽失古意，采风者不无淫僻之虞。"元代戏剧家关汉卿曾到过济南，并编写了以金线池（金线泉）为故事背景的杂剧《杜蕊娘激赏金线池》。

明代诗人谷继宗曾在金线泉畔筑亭，吟《金线亭》诗："新春复至旧池亭，忽见花开泪欲零。金线斜垂天上月，玉绳低度水中星。丁香鸟啄秾华紫，丙穴鱼吹细浪青。已被羊昙轻赌去，何时烂醉倒银瓶。"清代王初桐在《通乐园》一诗的诗注中说："金线泉有谷继宗旧墅，后归酒家。谷诗：'可怜一曲吟诗墅，弃作三年卖酒家。'"三年后，谷继宗赎回了金线泉泉畔的别墅，欣喜地在金线池畔吟诗道："此日野堂归旧主，青山作对兴无涯。"明末清初，金线泉别墅被山东学政钟性朴购下，建起槬园。王士禛、田雯等皆是钟性朴任山东学政时选拔出来的生员。道光末年，济宁知州徐宗干曾购之，建燕园。清同治八年（1869），山东巡抚丁宝桢又于金线泉附近建尚志书院，由丁宝桢手书书院的堂额"尚志堂"和书院大门的门额"金泉精舍"。堂后设斋舍数间，学子

2022 年 10 月，金线泉出现金线　雍坚摄

攻读五经儒学和天文、地舆、算术等。该堂曾刊刻《十三经注疏》、王
渔洋诗文著作等书，时称"尚志堂版"，在国内享有盛誉。清光绪十四
年（1888），巡抚张曜据绅士呈奏建"丁公祠"，于书院内号舍又重加
修葺，并建院长斋舍。光绪十八年（1892），在金线泉南边修建了悠然亭，

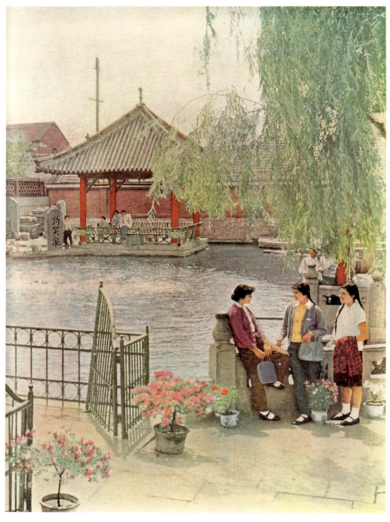

20世纪60年代的趵突泉　孙忠孝摄

在亭上可远眺千佛山景色。清末实行新政，废止书院，此后相继改为"校士馆""师范传习所""存古堂"。清光绪三十三年（1907）又改为"山东省优级师范学堂"。民国初年，尚志书院成为工业专门学校的校址，后为新建的山东大学校址。

　　早年的尚志书院址,东起后营坊街西头向南拐的胡同,南邻山水沟道,西靠趵突泉东旁门的小胡同,东西长约 150 米,南北宽 40 ~ 70 米,周边建有高大院墙,是一处外形不规整的大院落。光绪三年(1877)增开坤顺门以后,城外的大板桥一带渐成了商业繁荣之地。不少商家在此开店,于是尚志书院北边临街的一面纷纷被占用,形成临街的店铺,所幸进深不大,但那高大的石围墙已去,渐变成了与店家为邻的矮屋、低墙。

　　20 世纪中期至 50 年代,尚志堂除于日伪时期一度作为军械所外,其余时间里大都大门紧闭。1956 年,人民政府将趵突泉及附近的金钱、皇华、柳絮等 20 余处名泉及众多名胜、街巷筑墙圈围,辟为趵突泉公园。这时的尚志堂,在趵突泉东北,仅为原尚志书院的一个院落,而其他的部分改建为李清照纪念堂、沧园等建筑。如今的尚志堂建筑为 2011 年在原尚志堂旧址西部重建,规模较最初已有很大的缩小。

老金线泉

老金线泉位于趵突泉园区内，在尚志堂和皇华轩之间，金线泉之西约 20 米处。泉池为石砌方池，边长 4.78 米，深 1.5 米。泉水出露形态为涌状。因泉水中一条游移的波纹水线在阳光映照下如同金线而得名，后来此泉中的金线消失。而在此泉东约 20 米处一所石砌小池中，人们意外发现了池水中有金线显现，于是便将新发现金线的泉池称为"金线泉"，而将原金线泉改称"老金线泉"。

即使在老金线泉的金线未消失前，要想目睹金线奇观，也殊为难得。

老金线泉　左庆摄

第一次来观赏金线泉的游客，如果未经当地人指点，往往也难以发现金线。关于金线泉，在清末文学家刘鹗的《老残游记》中有着生动的描写：

> 老残吃完茶，出了趵突泉后门，向东转了几个弯，寻着了金泉书院。进了二门，便是投辖井，相传即是陈遵留客之处。再望西去，过一重门，即是一个蝴蝶厅，厅前厅后均是泉水围绕。厅后许多芭蕉，虽有几批残叶，尚是一碧无际。西北角上，芭蕉丛里，有个方池，不过二丈见方，就是金线泉了。金线乃四大名泉之二。你道四大名泉是那四个？就刚才说的趵突泉，此刻的金线泉，南门外的黑虎泉，抚台衙门里的珍珠泉：叫做"四大名泉"。

> 这金线泉相传水中有条金线。老残左右看了半天，不要说金线，连铁线也没有。后来幸而走过一个士子来，老残便作揖请教这"金线"二字有无着落。那士子便拉着老残踅到池子西面，弯了身体，侧着头，向水面上看，说道："你看，那水面上有一条线，仿佛游丝一样，在水面上摇动。看见了没有？"老残也侧了头，照样看去，看了些时，说道："看见了，看见了！"这是什么缘故呢？想了一想，道："莫非底下是两股泉水，力量相敌，所以中间挤出这一线来？"那士子道："这泉见于著录好几百年，难道这两股泉的力量，经历这久就没个强弱吗？"老残道："你看这线，常常左右摆动，这就是两边泉力不匀的道理了。"那士子倒也点头会意。说完，彼此各散。

上文虽是小说中的文字，但描述金线泉的景致，可谓写实。文中的金泉书院，就是清末山东巡抚丁宝桢在金线泉畔所建的尚志书院。刘鹗在文中不但描写了金线泉，还试着分析了金线泉的成因。这应该算是最为合理的解释了。

但刘鹗绝不会想到，在他的《老残游记》发表仅仅20多年后，金线泉中的金线便遭到了厄运，毁于一次墙体坍塌事故，他文中戏称的"铁线"竟也一语成谶。此事被记载在民国苏州籍作家范烟桥的《历下烟云录》中。范烟桥曾在 1926 年 11 月到 1927 年春在济南短暂居住过 5 个月。1927 年，他将在济南的所见所闻写成《历下烟云录》发表于《紫罗兰》杂志。《历下烟云录》中是这样描述金线泉的：

> 趵突泉右若干武为山东大学，校内有金线泉。门者言：前年墙欹堕于池，灰砂沈浮，浚而复之，遂失本来。惟在出流近垣处，有水纹凸起如线，可二尺许长，水动则纹亦动，如游丝荡漾，门者称之为"黑线泉"。按之志乘，无是名也。然金线既失，代以黑线，亦未尝不可。

上文中的山东大学，是山东督办张宗昌 1926 年重建的省立山东大学，校址前身就是清末的尚志书院。1913 年，新成立山东公立工业专门学校，校址设于此。1926 年重建山东大学时，这里又成为山东大学机关驻地和工学院的校址。因此，金线泉也在校内。据学校看门人介绍，"前年"（即 1924 年左右），金线泉边的墙倒塌，灰土倾入泉池中，经清理后，却不能再现金线奇观，好在不远处的一处泉水中也能看到一条约二尺长的凸起水纹，看门人称之为"黑线泉"。这应该是目前可见到的关于老金线泉金线消失过程的唯一记载。

范烟桥在几年后的另一篇文章中又记载了这件事情，但记述稍有不同。1936 年发表在《机联会刊》的《济南之泉》一文是这样记载的：

> 还有一个"金线泉"，我们走进山东大学去，问了好几个人，才有点眉目。一个年纪较老的校役，领我们到后面旷地上去，曲曲的水槽里，静静地流着澄清的泉。他指着一处说："这里本来有一根金线模样的水波，常在水槽里荡漾着，后来那边墙儿倒下来，满

槽都是泥土，等到收拾干净，那根金线就不见了。"我们带了怅惘出来，经过一个地方，他又指着说："这里也有一条线，可是没有金光呢。"我们定睛看了，果然见有水波叠起，因了折光的缘故，成了一条线的模样，在晴丝般袅着。我笑说："可以称他为'铁线泉'啊。"

如今的金线泉，确实也能偶尔看到池中有游动的水纹，但原先那金灿灿的光影却怎么也看不到了。

皇华泉

　　皇华泉位于趵突泉园区内、皇华轩门前，与卧牛泉相对。金《名泉碑》、明《七十二泉诗》、清《七十二泉记》均有收录，现名列济南新七十二名泉。明崇祯《历城县志》称其又名"木鱼泉"，清《七十二泉记》称为"黄花泉"。泉水出露形态为渗流，长年不竭。水自池底沙际中渗出，池满后汇入西护城河。今泉池为石砌长方形，东西 7.02 米，南北 4.54 米，深 1.28 米，周围绕以石雕栏杆。池内北壁嵌有"皇华泉"石刻，为书法家魏启后 1980 年题写。

皇华泉　左庆摄

1965年《济南泉水一览表》记载皇华泉位置在"趵突泉公园南小亭北左","泉水静静上溢",最小流量2.6升/秒,最大流量7.5升/秒。

明代晏璧《皇华泉》诗曰:"金线池东涌碧泉,皇华使者耀齐川。圣恩浩荡宽如海,散作甘霖遍八埏。""皇华"一词出自《诗经·小雅·皇华》"皇皇者华"。"皇华"为皇帝使者之意。关于皇华泉的得名,一说是为了纪念西汉的政治家、文学家晁错。《史记·儒林列传》中记载了汉文帝曾派晁错来济南向伏生学习《尚书》的故事。宋《太平寰宇记》记载:"伏胜(生),齐人,秦博士。授晁错《尚书》,年老口呐,令幼女传言教错。"自此,《尚书》得以流传。后人为纪念晁错,将该泉命名为"皇华泉"。皇华泉是否为纪念晁错,我们不能确定。但可以确定的是,皇华泉位于西门城外的官道附近,这里自古以来就是济南人出城进京和京城官员、使节出京入城停驻休息的绝佳场所。史志记载了西门外官道上有两处驿站,分别在西关迎仙桥附近和馆驿街附近。据明崇祯《历城县志》载,城西五里迎恩桥(迎仙桥)附近有迎恩亭(清末地图上标注为"接官厅");西关北五里铺有谭城驿(位于馆驿街),内有皇华公署,门前立有"皇华驻节"坊。但这两处接待外地官员的驿站都距城较远,而趵突泉附近由于离城较近,景色优美,便成了人们迎来送往的首选。北宋时期,曾巩任齐州知州时,曾在趵突泉北建泺源堂和历山堂,并作《齐州二堂记》。"二堂"的作用就是作为朝廷和邻近州郡使者、官吏来济时的寓所。明万历年间,趵突泉东曾修建历山书院(几十年后沦为邮亭驿站)和纪念李攀龙的白雪楼。其中一个原因,就是此地得天独厚的地理位置。明代王象春《西门道》一诗"古道朝京踏作河,寒泉无奈热肠何。东门一样垂官柳,只是西门送客多",更是对西门外驿站的真实写照。

上述几处驿站是城外接待临时来济官员的处所。此外,济南城内还有几处"皇华使者"的临时住所。

皇华泉　李华文摄

　　一处是皇华馆（今址为市立一院），此处在明代为清军察院和巡盐察院。因今皇亭体育馆附近原有巡按察院，此地也称"北察院"。据唐景椿《济南老街巷》记载，济南的皇华馆"是为在贡院三年举行一次'乡试'的主考、副主考官员的专用驻地。担任'乡试'的主考、副主考均由皇帝选派官员担当此任。他们来到省城，在当地官员恭迎下，住进皇华馆。到开考进入贡院，一直到考试结束，都紧闭大门，概不见客，防止作弊"。1906 年在济南皇华馆设立法政学堂，翌年再设法律学堂，时称第一、第二法政学堂。1926 年 8 月，张宗昌重建济南大学，医科设在皇华馆。1940 年 1 月，济南市立诊疗所由杆石桥迁至皇华馆，并更名为"济南市立医院"，1953 年 9 月 14 日更名为"济南市立第一医院"，1972年 8 月更名为"济南市第一人民医院"，直至今日。

　　另一处是鹊华行馆，在皇华馆以南的县东巷路西（现山东省政协北面，县前街以南）。晚清文人孙点在《历下志游》中称"有鹊华行馆，为调帘公所"。清代中后期，中央临时选派州县官到省城做乡试的同考官（协助主、副考官工作），他们被称为"调帘"。鹊华行馆就是调帘的临时住所。

柳絮泉

　　柳絮泉位于趵突泉园区内，与金线泉一南一北并排。泉池为石砌长方形，比金线泉稍大，东西 3.68 米，南北 2.68 米，深 1.32 米。池东侧栏杆间有李予昂 1980 年题写的"柳絮泉"三字。金《名泉碑》、明《七十二泉诗》、清《七十二泉记》均有收录，现名列济南新七十二名泉。泉水出露形态为渗流，长年不竭，流入西护城河。泉池内有两个涌势相当的泉眼对涌，水面常出现一条东南—西北向水纹，在阳光照射下闪闪发光，与金线泉如出一辙，常呈"金线"奇观。

　　柳絮泉如何得名已不可考。明崇祯《历城县志》称该泉"泉沫纷翻，如絮飞舞"，柳絮泉或许因此而得名。相传，宋代女词人李清照故居就在柳絮泉边。此说最早见于清初诗人田雯的《柳絮泉访李易安故宅》一诗："跳波溅客衣，演漾回塘路。清照昔年人，门外垂杨树。沙禽一只飞，独向前洲去。"此后，李清照故居在柳絮泉一说成为部分清代文人的共识。清乾隆年间，《趵突泉志》作者任弘远也作了一首《柳絮泉访李易安故宅》诗；道光年间，范垌有《易安居士故宅诗》。但自 20 世纪 80 年代出现李清照故里的历下与章丘之争后，有人开始对田雯的"李清照故居在柳絮泉"一说提出疑问，怀疑这一说法是田雯的臆断。因东晋才女谢道韫曾咏出"未若柳絮因风起"这一拟雪名句，后世多用"咏絮"来指代才女。例如《红楼梦》"金陵十二钗判词"有"可叹停机德，堪怜咏絮才"一句，"停机德"和"咏絮才"就分别指代薛宝钗和林黛玉。田雯由柳絮泉而

联想到才女，由柳絮泉旁的漱玉泉联想到李清照的《漱玉词》，进而将柳絮泉畔推测为"咏絮才女"李清照的故居，也是很有可能的。但也不能说田雯毫无根据，凭空捏造出这一说法。据济南文史学者周长风先生《李清照故居可在济南柳絮泉上》一文介绍，田雯是进士，居济前任江南学政，在诗坛已有很高的声誉，居济时与当地名士广泛交游，想必不会无中生有，惹人非议。虽然在田雯提出李清照故居一说之前，宋、元、明人从未有此说法，但田雯提出李清照故居一说之后，清代及民国人也从未提出过异议。据周长风考证，清代至少有 32 位作者创作了 34 则关于柳絮泉畔为李清照故居的诗文。此外，光绪二十一年（1895）张昭潜为编纂《山东通志》，还曾与上司邵元翰"相与访柳絮遗址，觅易安居士手题漱玉石碣而不得"。以上资料均说明，李清照故居之说并非空穴来风。

　　为纪念济南这位杰出的女词人，1959 年济南市政府在柳絮泉北侧原丁宝桢祠堂旧址建李清照纪念堂，著名文学家、历史学家郭沫若为其题写楹联：“大明湖畔，趵突泉边，故居在垂杨深处；漱玉集中，金石录里，文彩有后主遗风。”

董芸在其竹枝词《广齐音》中有一篇《柳絮泉》诗：“金石遗文忆旧欢，老随兵舫渡江难。香闺错比明妃里，柳絮泉头李易安。”此诗将景色和人文有机结合，给人以无限的联想。在此诗的诗注中，董芸为“李清照是否曾改嫁”一事为李清照“辩诬”。卢见曾《重刊〈金石录〉序》亦力辩易安无改嫁事。其略曰：“德甫殁时，易安年四十六矣，遭时多难，流离往来，具有踪迹。又六年始为是书作跋，时是年已五十有二……以如是之年而犹嫁，嫁而犹望其才地之美，和好之情亦如德甫昔日，至大失所望而后悔之，又不肯饮恨自悼，辄谍谍然形诸简牍，此常人所不肯为，而谓易安之明达为之乎？观其泽经丧乱，犹复爱惜一二不全卷轴，如护头目，如见故人，其惓惓德甫不忘若是，安有一旦忍相背负之理？此必好事者所为，或造谤如《碧云騢》之类。余故刊是书，并为正之。”

李清照在丈夫赵明诚殁后又改嫁张汝舟，旋又与张汝舟离婚一事，目前似乎已成为主流观点，但这件事，与李清照故居之争一样，争议双方各执一词，似乎也不会有定论的。而且关于此事的争论，较之李清照故居之争还要更早。

这件事在南宋时即有记载，说李清照确曾改嫁的当时就有七家，分别是李心传、胡仔、王灼、晁公武、洪适、赵彦卫和陈振孙。这些人与李清照生活在同一时代，有的还是赵、李两家的亲戚或世交。李清照改嫁之说，最先见于南宋宗室赵彦卫的《云麓漫钞》，其中载有李清照的《上内翰綦公(崇礼)启》。信中李清照自述被张汝舟骗婚的不幸遭遇，成为“改嫁说”最重要的证据。“改嫁说”在李清照去世后的很长时间内并无什么争议。只是到了明代才出现不同的观点，明代文人徐勃首先对此提出

柳絮泉　左庆摄

异议。他认为李清照已近老年，又是官宦眷属，当会爱惜自身名节，不会轻易改嫁；清代学者朱彝尊、卢见曾、俞正燮、况周颐等人也为李清照的改嫁之事"辩诬"；近现代又有不少学者提出李清照确实从一而终，并未改嫁他人。其实，对于我们现代人来说，无论李清照晚年是否改嫁，都不会动摇李清照在文坛上的崇高地位，也无损于这位女词人的光辉形象。我们只需在感念女词人坎坷经历的同时，理解其诗词中蕴含的深意。

卧牛泉

　　卧牛泉位于趵突泉园区内，在皇华轩南侧。泉池呈长方形，为石砌，东西 6.87 米，南北 4.56 米，深 1.22 米。卧牛泉与皇华泉大小相仿，两泉呈一东一西对称排列。金《名泉碑》、明《七十二泉诗》均有收录，现名列济南新七十二名泉。今泉水出露形态为渗流，水自池底沙际涌出，晶莹碧透，长年不竭，流入西护城河。泉池北侧石栏上嵌有"卧牛泉"石刻，

卧牛泉　李华文摄

由济南书法家张立朝于 1980 年题写。

卧牛泉历史上曾长期处于淤塞和失考状态。元《齐乘》最早记述卧牛泉位于"金线东",到明末时已淤塞或失考。明《历乘》称"有其名而莫辨其址",明崇祯《历城县志》称"今淤",清乾隆《历城县志》有"金线、皇华、柳絮、卧牛、东高诸泉自东来注之(趵突泉)"之语,作于同治十三年(1874)的郝植恭《七十二泉记》则未载该泉,1928 年的《历城县乡土调查录》称"今失考"。1964 年扩建趵突泉园区时,在鱼展室(今皇华轩)门前西侧重新恢复了卧牛泉。据 1964 年出版的旅游丛书《济南》一书记载,卧牛泉内"有一丛芭蕉,自生自灭"。

1965 年《济南泉水一览表》记载卧牛泉位置在"趵突泉公园南小亭北右","泉水静静上溢",最小流量 4.8 升/秒,最大流量 11.7 升/秒。

关于卧牛泉泉名来源,据说与该泉旧时曾是放牧牛羊之地有关。宋代苏辙的《槛泉亭》诗有"谁家鹅鸭横波去,日暮牛羊饮道边"之句,槛泉亭为北宋时趵突泉附近的一处亭子。可见在宋代,趵突泉附近曾是乡野之地,常有牛羊来此饮水。

另一说是为了纪念舜曾耕种于历山脚下,耕牛曾卧于此。明代晏璧《七十二泉诗·卧牛泉》云:"昔闻陶墓有牛眠,今见齐州溢井泉。千载历山遗胜迹,秋风禾黍满虞田。""舜耕历山"之历山在哪里,历来观点不一。济南也有多处历山,千佛山是最知名的一处。苏辙有诗云"舜井溢流陌上,历山近在城头",可见,宋代以前的历山在济南旧城以南不远处。根据各种史料分析,古历山从城东延伸到城西,是一片连绵的山脉:城东南历山顶附近曾有历山;《酉阳杂俎》记载"舜祠东有大石广三丈许",为城南之历山遗石;城西南的趵突泉附近也曾有历山。据孙进之《济南山水古迹考》之三《历山考》载:曾巩《齐州二堂记》中历山堂和泺源堂的命名,是因为历山堂(北堂)南临历山,泺源堂西南

卧牛泉　李华文摄

临洑源。趵突泉附近的历山位于历山堂以南、趵突泉以北。在《历乘》"县城图"中，趵突泉以北确实绘有一个小山头。因趵突泉北曾有历山遗迹，附近又曾是乡野之地，同时，《水经注》中记载趵突泉附近有纪念舜帝妃子的娥英庙，所以晏璧在《七十二泉诗·卧牛泉》一诗中将卧牛泉附近描绘为"千载历山遗胜迹"。

漱玉泉

　　漱玉泉位于趵突泉园区内，在李清照纪念堂前、柳絮泉东面。为区别于北漱玉泉（今已消失），也称"南漱玉泉"。金《名泉碑》、明《七十二泉诗》、清《七十二泉记》均有收录，现名列济南新七十二名泉。泉水出露形态为涌状，长年喷涌，水自池底或池壁涌出，漫石穿隙，汇入南面的石砌水池，再流入西护城河。泉池呈长方形，为石砌，东西 5.36 米，南北 3.72 米，深 1.50 米。池周饰有雕石栏杆，池内北壁嵌有关友声于1956 年题写的"漱玉泉"石刻，泉北为 1959 年在丁宝桢祠堂旧址辟建的李清照纪念堂和易安旧居。

　　1965 年《济南泉水一览表》记载漱玉泉位置在"趵突泉公园李清照纪念堂东南"，"涌流，有气泡"，（合螺丝泉数据）最小流量 34.5 升 / 秒，最大流量 48.1 升 / 秒。

　　"漱玉"一词意为山泉激石、飞流溅白、晶莹如玉，它形象地描绘了泉石相激、飞花溅玉的景象。趵突泉园区内的泉水名称大都极具诗意，不知是否属于巧合，这里竟有两处泉名与中国历史上的两位才女相呼应。东晋著名才女谢道韫因咏雪名句"未若柳絮因风起"而被称为"柳絮才女"，而宋代女词人李清照有词集《漱玉词》。此地恰巧有柳絮泉和漱玉泉两泉相邻，恰似两位才女相对而立、临水斗诗。

　　至于漱玉泉之名的来历，以及漱玉泉与《漱玉集》之间的关系，是泉名取自《漱玉集》，还是《漱玉集》之名源于漱玉泉，济南著名文史学者周长风先生有独特的见解。

据周长风的观点，"漱玉"一词的来源最早可追溯到西晋初年左思的《招隐（之一）》诗"石泉漱琼瑶，纤鳞或浮沉。非必丝与竹，山水有清音"和陆机的《招隐》诗"山溜何泠泠，飞泉漱鸣玉"。至唐代，"漱玉"一词已属常见，例如："却对香炉闲诵经，春泉漱玉寒泠泠。"（刘长卿《戏赠干越尼子歌》）"似漱寒玉水，如闻商风弦。"（白居易《酬吴七见寄》）"蓝溪秋漱玉，此地涨碧澄。"（贾岛《雨后宿刘司马池上》）。在宋代，李清照（生于1084年）的前辈诗人词家中，使用过"漱玉"一词的就有徐铉、宋祁、梅尧臣、张伯玉、陶弼、文同、蒋堂、苏轼、黄

漱玉泉　左庆摄

040

非熊、仲殊、孔武仲、吕希纯、晁元礼、金君卿、刘拯、吴师正。特别需要提及的是，李清照继母的祖父、宋仁宗天圣八年状元王拱辰，有诗"石渠飞溜漱寒玉，昼夜竽笙鸣阶墀"（《耆英会诗》）。李清照的亲舅舅、熙宁三年进士王仲修，有诗"雨过御沟春水满，小滩风月漱珠玑"（《宫词》）。著名词人晁端礼于绍圣元年（1094）游历济南，作《满庭芳》词："北渚澄蓝，南山凝翠，望中浑似仙乡。万家烟霭，朱户锁垂杨。好是飞泉漱玉，回环遍、小曲深坊。西风里，芙蕖带雨，飘散满城香。微凉，湖上好，桥虹倒影，月练飞光。命玳簪促席，云鬟分行。谁似风流太守，端解道、春草池塘。须留恋，神京纵好，此地也难忘。"这是历史上最早明确可知的，也是宋代及之前仅见的，用"漱玉"来描写济南泉水的诗文。在宋代，"漱玉"不仅仅见于诗词，还多见于命名。如当时庐山的开先禅院，在龙潭水流经的青玉峡上建有漱玉亭，苏轼、苏辙兄弟曾分别作《开先漱玉亭》《漱玉亭》诗。宋徽宗在汴京兴建了壮丽空前的皇家园林——艮岳，他的御制《艮岳记》里写道："其上流注山间，西行潺湲，为漱玉轩。"浙江余杭大涤山的天柱宫，于宋大中祥符五年（1012）奉敕改名洞霄宫，宫内亦有漱玉轩。宋代马元演《游洞霄纪实》诗云"小憩漱玉轩，恍惊风雨夕"，闻九成有《杨先高题漱玉轩》诗。宋代王宗贤则作《题漱玉馆》诗，写道："寓馆欣传漱玉名，泉流古窦响琼琤。"据王宗贤的行迹可知，此即为宋《咸淳临安志》卷七十五所记载的洞霄宫漱玉馆。留怡然亦有《漱玉馆》诗："拳石漱芳玉，梦回堪洗耳。客至馆于斯，妙处从此始。"漱玉轩与漱玉馆应是一物先后两名。宋太宗八世孙赵玉鐩《三珍行》诗云句："一张之珍太古琴，孤桐斫削峄阳枝。刻名漱玉世少比，较昔响泉彼堪噬。"赵王孙所珍爱的"漱玉"古琴，其制作和命名的年代应早于其他"两珍"——北宋苏东坡的书法、赵云子的画作，否则不能称之为"太古"。

漱玉泉　左庆摄

综上所述，"漱玉"在李清照生活的时代已是一个习见广用的词。虽然济南的漱玉泉现存最早记录乃元代于钦《齐乘》转述的金代《名泉碑》，但是极有可能命名于北宋时期。尽管宋人著述中找不到漱玉泉的确切记载，但李清照的《漱玉集》何尝不是宋代即有漱玉泉的一种间接证据呢？漱玉泉之名若源自宋代，那么是何人所起的呢？民间市井称呼泉源从来不会咬文嚼字，"煮糠""卧牛""石湾""刘氏"之类脱口而出，传布妇孺。"漱玉"则典雅清丽，充分体现了宋代园林注重诗画情趣和意境的特色，又得到市民认可，似应出自在济南有名望的文人之手笔。依据仅存的史料推想，最有可能是济南古代最杰出的"市长"曾巩，或者是李清照之父、"苏门后四学士"之一的李格非。

可以推断，北宋时就有漱玉泉大致是不会差的。漱玉泉与《漱玉集》应该有因果关系，两者同名不会是小概率的巧合，而是有意为之的结果。漱玉泉之名不太可能始于金代，应得自南宋时编成的《漱玉集》。当时宋金互为敌国，人员、交通、文化往来基本隔绝，而《漱玉集》得名于漱玉泉则是合乎历史的文学逻辑。

依据上述相对较为合理的逻辑推断，周长风先生建议：在没有新的史料证明前，济南人不妨如此认定：漱玉泉是曾巩或李格非命名的，李清照的《漱玉集》是撷取自故乡故宅的泉名。曾巩、李格非——漱玉泉——李清照——《漱玉集》，就这样美妙地联结在一起，这是济南史册上多么风雅的一笔啊！

北漱玉泉

除了趵突泉园区内的漱玉泉，济南历史上还曾有两处漱玉泉，为区别于趵突泉园区内的漱玉泉，而被称为"北漱玉泉"。目前，这两处北漱玉泉均已消失。

最知名的一处北漱玉泉是明晏璧《七十二泉诗》中的北漱玉泉："泉流北涧瀑飞琼，静日如闻漱玉声。纤手掬来清彻骨，高人宜尔濯尘缨。"关于这一处北漱玉泉的位置，明嘉靖《山东通志》称"曰南漱玉、曰北漱玉，在金线南"；明崇祯《历城县志》称"北漱玉泉，金地院内"；据清乾隆《历城县志》载，"水潮庵，在趵突泉东。高台耸峙，踞山水之胜。内祀观音大士，额曰'水月清境'，亦曰'金地院'"；1965年《济南泉水一览表》和1982年《济南的泉水》等资料均记载有北漱玉泉，1965年《济南泉水一览表》记载北漱玉泉在"后营坊街119号院内"，"水溢出平稳"，最小流量3.0升/秒，最大流量5.0升/秒，为居民饮用水；《济南泉水志》称，北漱玉泉原在趵突泉南路8号院内，1986年趵突泉南路拓宽时被覆于路下。明《七十二泉诗》中的北漱玉泉位置，通过上述资料基本可以确定。

据2007年版《济南老街史话》中秦若轼所撰《水潮庵》一文介绍，水潮庵位于南关山水沟街，约建于明代，曾名"三圣堂""金地院"，祀观音大士。明嘉靖二十年（1541年）、清乾隆四十四年（1779年）曾重修，清光绪二十八年（1902）《省城街巷全图》及《续修历城县志》中有载。1963年，拓宽趵突泉南路时拆除水潮庵所有建筑。原庵坐北朝南，

20 世纪 60 年代的北漱玉泉

门前有个数十平方米的空地,空地南侧与顺沟并行的山水沟街连为一体。旧时逢大雨,千佛山西麓一带山洪暴发,汹涌的洪水便顺着山水沟而下,小庵起名"水潮",实为真情写照。先民们一是对沟道疏治分流进行治理,二是于山水沟的南头进口建了个龙王庙,于沟北头修了个水潮庵,"庵"字谐音"安",以祈保平安。庵庙的布局比较规整,东西近 20 米宽,南北 30 多米长,有二进的院落和东跨院。上得二级石阶,见有雕刻着"水潮庵"三个大字的匾额,镶嵌于三楹拱门的门楣上方。进得门来,为南北稍长的主院,主殿的阁龛内供奉着身穿袈裟、头戴佛冠、赤裸双脚、打坐莲台、一手托净瓶、一手拿莲花、端庄美丽、祥和慈善的观世音菩萨,阁龛门上有"水月清境"的牌匾。东西配殿内分别供奉着阿弥陀佛和大势至菩萨。由大殿一侧进到后院，院内有一排靠街的北房，为尼姑住房，并置放着法器物件。后院的东侧还有个东跨院，内有房屋多间，为停灵处。跨院的北门，或是说庙的后门，与后营坊街连接。若遇农历二月十九日观音诞生日、六月十九日的成道日、九月十九日的出家日，世人俗称为"观音香会"时，人们便会来到水潮庵内，叩拜祈祷，请菩萨保佑平安。

此外，老城内还有一处北漱玉泉，在王钟霖《历下七十二泉考》中有记载，但他没有找到确切位置："城内有北漱玉泉，无考。志言，或近濯缨泉，今抚院署西及北无家无泉。"不过，济南文史学者雍坚在2011年的博客中称，据济南市民回忆，原贡院墙根街25号陈家宅院内曾有古井名"漱玉泉"，可惜的是该院于1994年建省政府宿舍时被拆除。这处北漱玉泉还未来得及为大众所知，便从城市建设中悄然消失。

马跑泉·浅井泉

马跑泉位于趵突泉园区内，西临李清照纪念堂，东南侧为假山。金《名泉碑》、明《七十二泉诗》、清《七十二泉记》均有收录，现名列济南新七十二名泉。明《七十二泉诗·马跑泉》称"马蹄踏破迸飞泉，流出齐城浅水边。八骏曾闻驰八极，百年几见海成田"。

浅井泉位于马跑泉东北，两泉连为一池。两泉之间原有一墙相隔，

马跑泉　左庆摄

"浅井"在北，"马跑"在南。1956年辟建趵突泉园区时，把墙去掉，两泉合二为一。泉水出露形态为渗流，自岩石缝隙涌出，泛起串串水泡，沿池底小溪流向东北，注入西护城河。泉池呈不规则形，池岸曲折起伏，参差交错，南北长16.3米，东西宽4.5米，深1.24米。泉池周围怪石嶙峋，绿树掩映，景致幽雅别致。

浅井泉在金《名泉碑》、明《七十二泉诗》、清《七十二泉记》中均有收录。浅井泉最早著录于金《名泉碑》。元《齐乘》标明其位置："曰浅井、曰马跑，洗钵西南。"明《七十二泉诗·浅井泉》称"齐城浅井不满尺，一掬能令尘虑消。日暮儿童汲瓶处，芭蕉叶上雨萧萧"，可见浅井泉最初为井形。与满井泉的"溢井口"相比，浅井泉水位较浅，需在井内汲取才可得泉水。明崇祯《历乘》称"有其名而莫辨其址"，

浅井泉（与马跑泉同池）　左庆摄

049

20 世纪 60 年代的马跑泉

而崇祯《历城县志》称"今考在马跑泉东，西营城河内"。之后的志书均记载其在马跑泉东。民国《历城县乡土调查录》载，"在马跑泉西南，尚志堂北院楼下，今迷"。

　　1965 年《济南泉水一览表》记载，马跑泉位置在"趵突泉公园原关胜庙西"，"泉水出流平稳"；浅井泉位置在"马跑泉南邻"，"泉水出流平稳"。浅井泉与马跑泉合流，最小流量 40.36 升 / 秒。

　　马跑泉得名于"大刀关胜"的故事。小说《水浒传》中的"大刀关胜"是家喻户晓的梁山好汉之一，是三国名将关羽的嫡派子孙。其实这是小说家的杜撰。历史上的关胜是北宋末年的济南名将，因抗拒金兵入侵被当时的济南知府刘豫杀害，《宋史》和《金史》中都有记载。据《金史》卷七十七《刘豫传》载："（金国将军）挞懒攻济南，有关胜者，济南骁将也，屡出城拒战，豫遂杀关胜出降。"《宋史》中则说："（建炎二年冬）金人攻济南，（刘）豫遣子麟出战，敌纵兵围之数重，郡倅张束益兵来援，金人乃解去，因遣人啖豫以利，豫惩前忿，遂蓄反谋，杀其将关胜，率百姓降金，百姓不从。"济南历史上与关胜有关的纪念物为关胜祠和关胜墓，现两处建筑均已消失。

传说关胜遇害后，他的战马在济南西城门外怒啸奔跑，刨地出泉，刨出了马跑泉。后人在泉上建了关胜祠。不过，这个关胜祠后来却阴差阳错地被讹传为"关圣祠"，被当成关羽的祠庙祭祀了上百年。明代王象春《齐音》中的《马跑泉》诗和清代诗人朱照、范坰的诗序中都提到了关胜祠被误认为关圣祠一事，朱照的诗更是替关胜打抱不平："祠宇空存神位更，泉源徒博马跑名。何干汉寿关侯事，流水声中带不平。"

据王象春《齐音》"关胜墓"记载，关胜墓在济南城南渴马崖西。清代诗人范坰曾经到渴马崖探访关胜墓，并在当地买到一个"俨然宋制"的刀环，疑为关胜将军之物。时过境迁，关胜将军墓如今是否还在，想必是很多济南人都关心的问题。2010年，就有热心的济南人赴南部山区重新探寻关胜墓，但村民们只知道渴马庄，而不知有渴马崖。经过一番波折后，在寨而头村村民的帮助下，终于在梯子崖附近找到了关胜墓的遗址，不过也仅剩供后人凭吊的一片土丘了。

消失的不止有关胜庙和关胜墓，还有历史名街马跑泉街。据《济南老街史话》中秦若轼所撰《马跑泉街》一文介绍，马跑泉街位于老城西南角的坤顺门外，是一条弯曲的街道，因街上有"马跑泉"而得名。坤顺门外的护城河上原有三孔木桥一座，街由桥头起，先向西南至马跑泉的一段，为长65米的北段；于泉稍南又折向东南80多米长，至后营坊街大寨子门外为南段。由于街巷所处的地势低洼且潮湿，故3米许宽的

20 世纪 60 年代的浅井泉

街面全用青石铺砌，路的两侧还有不宽的人行道。小街中部泉池南侧的拐弯处是个岔路口，可西去大板桥街。过街北头的坤顺门桥，进坤顺门便到老城里了。街的南头可东接后营坊街，向南拐便与山水沟街相连。这一条百多米长弯曲的小街，成了城里人去趵突泉、劝业场、山水沟逛集游玩，或近处关厢的人们进城工作办事、上学的交通捷道。济南解放初，马跑泉街的南段成了后营坊街的一部分。20 世纪 50 年代，马跑泉街被纳入趵突泉公园。仅有数平方米，为不规则的石砌泉池，原在街东关王庙（或观音堂）的西墙外。关王庙的西墙内，另有一泉叫"浅井泉"，此泉因水深"不满尺"而名。它与马跑泉一墙之隔，浅井泉于东偏北，马跑泉在西稍南。泉池为不规则形，仅有数平方米。由于池水浅，又无人吃用，早年成了孩子们戏水游玩的地方。水质清冽甘美的马跑泉就在街东侧，为当年人们的饮用水源。其间道路平整，且石板路与池边间还有一个1米多宽的平台地，加上池水不深，手提水桶略弯腰就能够着，用扁担打水更是方便，并能站几个人同时打水。当年这里从早到晚打水的人不断。南至后营坊街西头、山水沟、正觉寺街西头、南券门巷，西至德院街、曹家巷、大板桥街西段，北到顺城街的大部分，以及城里南城根、安乐街、九曲巷等范围内的居民多在此取水。早年还有专门送水的，俗叫"卖甜水"的，近处人挑、远处车推，大都定时地把水送到居民家中。

由于马跑泉街是连接老城西南内外街区的便捷通道，故平时来往的行人很多，尤其是每逢农历二、七日的山水沟大集时，更是人来人往，故街上除有少量的住户外，大多是商业小店铺，并形成了以副食小吃、铁工业、生皮行为主的街道。这里住户的宅院都不大，而门头不大的店铺，也多是前店后居布置。街中部路边的小吃众多，素馅大包子、锅饼、浇汤丸子、绿豆丸子、热切糕、五香兰花豆等各具特色，货真价实，很受大众欢迎。街南有多家黑白铁、小五金修理铺，经营炉子、烟筒、刀剪、铲子等。马跑泉对面路西，因靠近水源，有几家做生皮行业的，老远就能闻到一股皮革味。

马跑泉街的北段连同桥北河边的林地，是旧时济南的鸟市。近处的西顺城街则是制造鸟笼子的地方。鸟市约形成于清末，时济南老人多驯养几只小鸟，以培养情趣，调剂生活。鸟迷的地位身份差异很大，但只要一提上鸟笼子就是同行，彼此间笑脸相迎，畅谈养鸟之道。鸟贩子对于鸟的种类、产地、习性及驯养方法无不精通，且待价而沽，因人而异。同时有的还能模拟鸟类的鸣叫，并不时地现场表演一些技艺，故来逛鸟市的不仅有养鸟的老主顾，还有不少游人看客，很是热闹。鸟市于20世纪50年代迁移到了南门市场。

洗钵泉

　　洗钵泉位于趵突泉园区，在李清照纪念堂院内西北隅。金《名泉碑》、明《七十二泉诗》、清《七十二泉记》均有收录。泉池长 8.2 米，宽 4.6 米，深 0.55 米，以假山石驳岸，水清见底。此处泉水曾被命名为"溪泉"，池北侧石壁上有 1997 年所刻的"溪泉"二字。

　　明《七十二泉诗·洗钵泉》诗曰："浅井东边有冽泉，山僧洗钵

洗钵泉　左庆摄

是何年。泉中流出伊蒲馔，参透三生石上禅。"从诗中可以看出，洗钵泉附近最初可能有佛寺，常有僧人来此清洗钵盂。洗钵泉也是济南历史名泉之一，在金代元好问的《济南行记》中，洗钵泉是仅次于趵突泉、金线泉和珍珠泉的为数不多的"佳"泉之一。据元《齐乘》收录的《名泉碑》记载，洗钵泉的位置在"登州东北"，马跑泉的位置在"洗钵西南"。但到明末，泉水位置已不能确定。明《历乘》称洗钵泉"有其名而莫辨其址"，明崇祯《历城县志》记载洗钵泉在"马跑西，金线正北，流入城壕"，与《齐乘》最初记载马跑泉在"洗钵西南"的位置正好相反，之后的明清志书均记载洗钵泉在马跑泉西、金线泉正北。民国初年的济南地图上，曾同时出现过两个洗钵泉，在1924年成稿的民国《续修历城县志》所附济南地图，以及1928年5月印制的《山东省垣详细图》上，均标注有两个洗钵泉：一个位于趵突泉群，在马跑泉西北侧；另一个位于五龙潭泉群，在古温泉和洗心泉的北侧，这个位置对应的是今五龙潭泉群的北洗钵泉。1928年《历城县乡土调查录》和1934年《济南大观》均称洗钵泉"在马跑泉西，路北民宅内"。1941年《济南名胜古迹辑略》称洗钵泉"在西关马跑泉西路北民宅内"。

1965年《济南泉水一览表》记载洗钵泉位置在"趵突泉公园东北角渠旁"，"泉水上涌，有气泡"，最小流量20.0升/秒，最大流量41.7升/秒。此后，洗钵泉再度迷失。

1985年，依据洗钵泉在"马跑泉西、金线泉正北"的历史记载，将李清照纪念堂院内的一眼泉命名为"洗钵泉"。今洗钵泉位置在金线泉正北，并非历史记载的老金线泉正北。

混沙泉

混沙泉位于趵突泉园区内，在马跑泉东、假山北侧。金《名泉碑》、明《七十二泉诗》均有收录。今泉池呈椭圆形，以自然石驳岸，水漫池岸溢出，跌落至西护城河中。

混沙泉的泉名由来不明。元《齐乘》记载称，混沙泉的位置与灰池泉同在"城西南角场下"。明《历乘》称"有其名而莫辨其址"。明崇

混沙泉　左庆摄

祯《历城县志》记载在"灰池南，流灰湾，入大清（河）"，之后的志书均记载在"灰池南"。民国《历城县乡土调查录》记载为"在县城西南角护城河下崖，今失迷"。

1965 年《济南泉水一览表》记载混沙泉位置在"坤顺桥东 70 米河南"，称其于 1964 年"修护城河埋没了"，最小流量 0.5 升 / 秒。

1964 年，趵突泉园区扩建时，在公园内东北隅、马跑泉以东假山下新涌出一处清泉。1985 年，以其在西南角护城河和灰池泉附近，将此泉命名为"混沙泉"。2005 年，《济南市名泉保护条例》附件一《济南市名泉名录》将其收录。

坤顺桥位于趵突泉公园东门北侧，趵突泉北路南口南护城河西端。清朝末年，因城内外人烟繁盛，商民聚集，为便于交通，在旧城原有的四个城门近旁，又开辟了 4 个城门：东门以南为新东门，称巽利门；南门以西为新南门，称坤顺门；西门以北为新西门，称乾健门；北门以东为新北门，称艮吉门。坤顺门正处于西南城角转弯处。当时于城门外的护城河上，始建一平板木桥，桥基三孔石墩，每孔 2 米，长 8 米，宽 3.5 米，因在坤顺门外，亦称坤顺（门）桥，曾于 1951 年、1957 年、1965 年三次修建。1987 年又重建为单孔钢筋混凝土腹式拱桥，斜跨 17 米，宽 30 米。

明晏璧《七十二泉诗·混沙泉》诗曰："曾迎宰相筑新堤，泉石清佳似壤西。亦有元戎乘小队，时时问柳到幽栖。"此诗的寓意初读不甚明了了，反复研读才知道，这首诗是借用了唐代的三个典故，描写了地处郊外的混沙泉的清幽野趣。第一句的典故出自唐李肇《唐国史补》卷下，《唐国史补》卷下称"凡拜相，礼绝班行。府县载沙填路，自私第至于子城东街，名曰沙堤"。唐代，宰相上任前，专门用沙为其铺路，便于车马通行，称为"沙堤"或"新堤"。唐代白居易曾有一首乐府诗《官牛》讽谏执政者："昨来新拜右丞相，恐怕泥涂污马蹄。""沙堤"或"新堤"

后引申为枢臣所行之路。晏璧诗《混沙泉》的第二句则是将混沙泉的周边景致比作杜甫曾在四川夔州的居所"瀼西"。不知是诗作者晏璧的笔误，还是首载此诗的《历乘》作者的笔误，"瀼西"被写作了"壤西"。瀼西指四川奉节瀼水西岸地，杜甫居夔州时曾迁居于此，有《瀼西寒望》《自瀼西荆扉且移居东屯茅屋四首》等诗，从"瞿唐春欲至，定卜瀼西居""幽独移佳境，清深隔远关"等诗句中可以看出杜甫对瀼西清幽环境的钟爱。晏璧诗的后两句典故出自杜甫《严中丞枉驾见过》："元戎小队出郊垌，问柳寻花到野亭。川合东西瞻使节，地分南北任流萍。扁舟不独如张翰，白帽还应似管宁。寂寞江天云雾里，何人道有少微星。"杜甫此诗作于唐代宗宝应元年（762），时值剑南东西川节度使严武过访来成都避难的杜甫，杜甫特地作了这首诗，既感激严武的见访，又借张翰弃官、管宁避世的典故以表明自己决心隐退之志。杜甫诗的前两句描写了诗人与严武同游郊外，在野亭欣赏春色的乐趣。

晏璧诗的第一句紧切诗题，用"新堤"之沙来暗扣混沙泉之沙，指出混沙泉之沙曾经筑过宰相新堤，第二句则将混沙泉边景色比作山水清幽的杜甫瀼西之居，后两句则用成都杜甫草堂居所周边景致比拟混沙泉。作者不慕宰相沙堤的通天之路，而向往混沙泉畔的山水清幽。正如清代柯蘅《题郭子嘉听漪草堂》诗中所言："义山旧傍玉溪居，子美瀼西更结庐。名士由来爱泉石，先生于此乐琴书。"

螺丝泉

　　螺丝泉位于趵突泉园区内，原位于老金线泉南，后填埋，今在漱玉泉南侧。因簇簇水泡旋转上涌，其状如螺而得名。泉池为不规则形，以假山石驳岸，深0.53米。泉水出露形态为渗流，长年不竭，流入西护城河。泉边青松挺拔舒秀，翠竹婀娜多姿。

　　螺丝泉是新中国成立后命名的新泉，最早记载于1965年山东省地质

螺丝泉　左庆摄

局水文地质观测总站编制的《济南泉水一览表》。

1965年《济南泉水一览表》记载螺丝泉位置在"漱玉泉南水池","泉水随气泡徐徐上升"。

在螺丝泉的泉池旁立有"鸢飞鱼跃"刻石,原刻石位于趵突泉观澜亭东侧,为光绪辛丑年(1901)仲春福州龚葆琛题写,时年七十八岁。

龚葆琛(1824—?),榜名沛霖,字依尧,号雨生。清咸丰二年(1852)举人,曾任山东蒲台县知县,纂修过《福州通贤龚氏支谱》三卷。《福州通贤龚氏支谱》中第一世祖为处士龚修,元末自莆田迁福州,居南街通贤境里社,世人称之为"通贤龚氏"。龚葆琛为通贤龚氏第十八代。除了趵突泉畔的"鸢飞鱼跃"题字外,龚葆琛在山东的另一处较为知名的题字为山东蓬莱苏公祠联:"海市蜃楼皆幻影,忠臣孝子即神仙。"

福州通贤龚氏是簪缨世家,明清两代人才辈出。另一位与济南有关的龚氏名人是曾任济南知府的龚易图。

龚易图(1835—1893),字少文,又字霭仁,通贤龚氏第十九代,咸丰九年(1859)殿试二甲第七名。历任济南知府、江苏按察使、广东布政使、湖南布政使。同治年间任济南知府时,曾刻"七十二泉太守"闲章一枚,可见龚易图对济南泉水的热爱。龚易图在济南任上颇有名气,曾主持创修济南府城隍庙,协助丁宝桢擒拿并诛杀安德海,同时又有较高的文学和书法造诣。泰山、济南浙闽会馆、大明湖、龙洞等处都留有他的楹联和书法珍品。济南浙闽会馆的联句为:"同是南人,四座高风倾北海;来游东国,两乡旧雨疾西湖。"大明湖历下亭的联句为:"李北海亦豪哉,杯酒相邀,顿教历下此亭,千古入诗人吐属;杜少陵已往矣,湖山如昨,试问济南过客,有谁继名士风流?"龙洞的联句为:"真气森喷薄,神功接混茫。"如今,浙闽会馆和历下亭的楹联原物均已佚失,只有龙洞洞口两侧的对联石刻至今仍存。

尚志泉

　　尚志泉位于趵突泉园区内，在趵突泉东北、尚志堂待月峰南。清同治八年（1869），山东巡抚丁宝桢在泉边建尚志书院，并手书堂额"尚志堂"，泉以堂得名。泉水出露形态为渗流，长年不竭，流入西护城河。1964年扩建公园时对泉池进行了整修。今泉池为不规则形，以假山石驳岸。池内蓄有金鱼，东西有小水渠与环院溪水相通，岸周花木扶疏，泉池旁"待

尚志泉　左庆摄

月峰"奇石峭立。

尚志泉是新中国成立后命名的新泉。最早记载于 1965 年山东省地质局水文地质观测总站编制的《济南泉水一览表》，名"尚志池"。1965 年《济南泉水一览表》记载尚志泉（池）位置在"趵突泉公园尚志堂东"，"水流平稳"，最小流量 25.6 升 / 秒，最大流量 61.7 升 / 秒。

尚志书院位于趵突泉北侧，大板桥街东头、路南。尚志书院大门，是一宽敞高大的挂花门楼。高高的台阶，黑漆的大门，大门上的门头板、余塞板、门簪、檐口柱、挂花等木作，无不雕刻精细，千姿百态。门前两侧内墙上有砖砌的花框，中为磨砖对缝的菱形图案。

济南的书院建立较早，第一所闵子书院建置于元天历年间。明、清时期又有诸多书院创办，尚志书院便是其中著名的书院之一。《续修历城县志》载：尚志书院在西关金钱泉侧，明进士谷建宗别墅，后归陈副宪九畴。故有"投辖井"，井南有泉曰"漱玉"，为宋名媛李清照故居，年久废圮。清同治八年（1869 年），山东巡抚丁宝桢因其旧址建为书院，手书堂额曰"尚志"，榜其门曰"金泉精舍"，招士子肄业其中，讲明正学。堂后设斋舍数十间，学子攻读五经儒学和天文、地舆、算术等。该堂曾刊刻《十三经注疏》、王渔洋诗文著作等书，称尚志堂版，在国内享有盛誉。清光绪十四年（1888）巡抚张曜据绅士呈奏建"丁公祠"，于书院内号舍又重加修葺，并建院长斋舍。清末实行新政，废止书院，此后相继改为"校士馆""师范传习所""存古堂"。清光绪三十三年（1907）又改为"山东省优级师范学堂"。

今尚志堂，东西宽约 20 米，南北长约 25 米，南北各有厅房三间，坐北朝南，前出厦、丹柱青瓦，东西曲廊相围。北厅房门上有尚志堂匾额，为郑燮（板桥）所题，并有"七品官耳"印章。院外三面小溪环抱，泉水潺潺，沿房穿廊，形成泉溪绕屋的自然风光。北厅房为主体建筑，房

尚志书院　雍坚摄

后修竹。松柏相映成趣。西廊溪水岸边有茂密的冬青绿篱，廊上翠柳披岸，形成绿荫柳廊景观。东廊的北端有一山石小景，配置花木，廊下临一清池，蓄有锦鱼。滨水长廊，可供游人纳凉小憩。满院浓荫蔽日，高大的国槐笼罩，低矮的灌木竹林点缀，冬夏常青，显得敞中有蔽，闹中有静。每当初春玉兰花开时，更是分外妖娆，清香四溢，引人入胜。院内的稍南边，还有一雅称"待月峰"的名石，此石空窍通透，玲珑俊秀。"待月峰"属太湖石，相传为宋代遗石，石瘦细长，高约 1.9 米，宽 0.27 米，厚 0.6 米。若逢皓月当空，月光透过洞孔，洒落地下，或倒映水中，变幻多端，妙趣横生。曾有古诗赞曰："精灵俊逸玉玲珑，神工鬼斧浑然成。一年三十六轮月，变换俱在此石中。"

　　尚志泉的名字源于尚志堂，"尚志"一词出自《孟子》，意为"志行高尚"，尚志堂的建立者山东巡抚丁宝桢便是这样的人。提到丁宝桢，大家首先想到的就是他智杀安德海的传奇故事。其实，丁宝桢在山东为政十年，政绩远不止于此。丁宝桢在同治十年（1871）和光绪元年（1875）两次治理黄河有功，得到朝廷嘉奖；平定山东境内多处内乱，保境安民；创建山东机器局，开山东近代工业之始。丁宝桢根在黔西，叶落山东。原籍在贵州织金的他最终葬在济南，究其原因，一是仰慕齐鲁圣贤之地，二是留恋济南山水，三是家乡遭遇匪患，故乡已无至亲。丁宝桢于同治十年（1871）请旨在济南祝甸附近购置了十亩土地作为家族墓地，周围群众称之为"丁家林子"。

1958年，丁宝桢家族墓地被夷为平地。2019年，丁家林子附近区域进行商品房开发建设，挖出了疑似丁宝桢家族墓地，引起了包括丁宝桢在山东和贵州的后人、本地文史学者以及热心市民的极大关注，大家希望确认丁宝桢墓地并加以保护。但由于该墓葬规制较为简朴，文物考古部门认定其不符合封疆大吏的墓葬规制。

济南历来提倡名泉文化，同时也提倡名士文化，但现状却差强人意，很多名士纪念物被拆除、损毁。以丁宝桢为例，丁宝桢的祠堂原建在趵突泉边，1959年被改建为李清照纪念堂；丁宝桢故居原在旧军门巷，2002年被拆除。这几个建于清末的济南名士文化建筑遗存全都消失了，丁宝桢的纪念物只剩下旧军门巷文化墙了。

沧泉

　　沧泉位于趵突泉园区内，在沧园院内西北隅，别名"新沧泉"，因临近沧园而得名。泉水出露形态为渗流，泉水长年不竭，积水成池。今泉池为石砌不规则形，直径 2.92 米。池北侧镌刻有泉名"沧泉"，是集米芾字而成。

　　沧泉是新中国成立后命名的新泉。据徐北文先生的《济南风情》一文介绍，此地原名"勺沧园"，取"沧海一勺"之意。徐北文在《济南风情》中生动描写了沧园及沧园近旁的枫溪景色：

　　　　从尚志堂南行，经过一架小桥，便看到粼粼的一湾绿波，岸旁系有一叶扁舟，水泊南面露出一座台榭，这建筑名叫"枫榭"；枫榭面临的水湾就叫"枫溪"。这一景观是建国后新设计的，为园林增色不少。顺枫溪漫步南下，左拐有一小桥，过桥见一古式大门，内有庭院。此地原名"勺沧园"，取"沧海一勺"之意。这是因为此园的对过，也即枫榭的藤萝走廊一带，是白雪书院的旧址。原来明代济南著名诗人、"后七子"领袖李攀龙在其故居——济南东郊与大明湖南百花洲上各建一楼，均名白雪楼。后人为了纪念他，在趵突泉南设立白雪书院，并建了第三座白雪楼在这里（今此楼久已不存）。李攀龙的集子名《沧溟记》，人们尊称之为"沧溟先生"，那么"勺沧"的名字，就是在双重意义中，表达了向李沧溟学习的

沧泉　左庆摄

心愿。不过人们现在却省掉了"勺"字，顺口叫做"沧园"了。沧园中有三座大厅，北面又有台榭湾池之胜，是纳凉消暑的好地方。

在徐北文先生描写济南风习景物的百首绝句《济南竹枝词》中，第四十二首为《勺沧园》："小清千里注沧海，潺潺东流历下泉。一勺咸波细细品，其中恰有趵突甜。"其后的诗注曰："小清河源出历下诸泉，长流五百里，至羊角沟汇入渤海。趵突泉为历下泉水中最盛者，泉畔有纪念沧溟先生之白雪楼。楼侧有园，名'勺沧园'，'勺沧'者取'沧海一勺'之义，喻沾溉李沧溟先生遗泽也。海纳百川，汪洋成于涓涓细流，中华文化深广如海洋，亦源于历代前人之点滴成果。海味有趵突之甜，当代文明亦有古人之薪火也——可不勉旃！"

从一些济南老地图上可以看出，沧园连同西面的尚志堂在清末和民国时期曾先后作为省优级师范学堂、工业学校、省立一中、山东大学的校址和省会警察局的所在地。沧园今辟为王雪涛纪念馆。

王雪涛（1903—1982），河北成安人，原名庭钧，字晓封，号迟园，师从齐白石、王梦白、陈半丁等绘画大师，中国现代著名小写意花鸟画家。王雪涛夫人徐佩蕸也是著名国画家，山东胶州人，自幼在济南生活。王雪涛去世后，她将丈夫毕生杰作200余幅绘画无偿捐献给济南市人民政府，建立了王雪涛纪念馆。

无忧泉

无忧泉位于趵突泉园区内，在趵突泉南、白雪楼西北角。金《名泉碑》、明《七十二泉诗》、清《七十二泉记》均有收录，现名列济南新七十二名泉。明代晏璧《七十二泉诗·无忧泉》云："槛泉西畔漱清流，酌水能消万斛愁。白叟黄童争击壤，春来有事向东畴。"泉水出露形态为渗流，长年不竭，流入西护城河。泉池呈不规则形，以假山石驳岸，深1.42米。无忧泉池

无忧泉　左庆摄

西南边自然石上镌刻有王羲之的集字"无忧泉"。

与趵突泉园区的其他名泉相比，无忧泉看似默默无闻，名气不算大，但在历史上，无忧泉的名气要远远大于今天。无忧泉最早载于金《名泉碑》，元《齐乘》标明其位置在"趵突南"。金人元好问在《济南行记》中提到的为数不多的几个泉名中就有无忧泉："若玉环、金虎、黑虎、柳絮、皇华、无忧、洗钵及水晶簟，非不佳，然亦不能与三泉侔矣。"元代济南文学家刘敏中在《韩云卿新居》诗序中称："泺水上有楼，曰江山胜概；楼下有泉，曰无忧。"元末明初的徽州歙县人郑潜在《济南名泉歌》的序中写道："予性嗜泉石，所至辄访求遗迹。兹来山东，仅得观无忧、趵突二泉，余未暇及也。"这都说明无忧泉在当时也是一处盛景，名楼（江山胜概楼）名泉交相辉映，引得文人墨客慕名而来。

江山胜概楼，也称"胜概楼"，为金人所建，建于趵突泉西，楼下临无忧泉。刘敏中和赵孟頫都曾写诗赞美，赵孟頫诗曰："楼下寒泉雪浪惊，楼前山色翠屏横。登临何必非吾土，啸傲聊因得此生。檐外白云来托宿，梁间紫燕语关情。济南胜概天下少，试倚阑干眼自明。"

赵孟頫诗中的"胜概"，指的是登楼后所见的"楼下寒泉（趵突泉）"和"楼前山色"，后人诗中的济南"胜概"则多指趵突泉了。胜概楼在元代毁坏后，再未重建。后人几乎再无歌咏胜概楼的诗句，但"胜概"一词在咏趵突泉的诗中仍频频出现，如明末叶承宗《和吴郡伯趵突泉韵（六首）》中有"自是涌轮称胜概""人因胜概神逾旷"之句，清代张元《观澜亭咏趵突泉（二首）》中有"城隅绕胜概，亭枕趵泉头"之句，汪由敦《郑方伯、黄臬司、张观察招同彭宫允游趵突泉》中有"图经自昔闻灵渎，胜概今来真在目"之句，马国翰《追和杨会庵同年趵突泉百韵》中有"名泉七十二，趵突最惊雄。胜概驰寰宇，灵湫擅大东"之句。

而在刘敏中的胜概楼诗中，则更多写的是楼下的无忧泉："我爱西

无忧泉 陈希军摄

1937 年，趵突泉市场中的无忧泉

城韩御史，新居乐事总相宜。泉中就啜无忧水，楼上闲吟胜概诗。"在其另外两首五言诗《中秋后二日云卿重约赏月分韵得"楼"字二首》中，有"齐鲁横分地，江山胜概楼。相邀一轮月，共豁百年忧""今夕天上月，正照水西楼。月入水底明，影动楼上头""此乐五百年，过眼不可留。古今只如此，作诗浉余忧"之句。诗句不仅写出了胜概楼的壮丽，而且将胜概楼与楼下无忧泉水相互映衬的美景刻画得淋漓尽致。

可以说，当年的胜概楼一点也不逊色于后来的白雪楼。可惜这座名楼的命运远不及白雪楼，据元代于钦《齐乘》记载："（趵突）泉西金人建胜概楼，亦壮丽，近亦为水所坏。"这说明胜概楼在建成后不久即被水冲毁。因为胜概楼建在趵突泉边的泺水之上，而这里过去是济南南部山区雨季泄洪的主要通道之一，水上的任何建筑都难以承受洪水的反复冲击，因此，胜概楼毁坏以后就再未重建。

无忧泉的命运也是和胜概楼紧紧连在一起的。楼去泉虽在，无处解烦忧。胜概楼消失后，无忧泉也从此沉寂，除了明代晏璧和清代张善恒的两首《无忧泉》诗外，历代志书对无忧泉的记载就只剩下"趵突泉南""漱玉亭北"等寥寥数字了。

默默无闻的无忧泉，到底没有逃脱被填埋的厄运。1928年出版的《历城县乡土调查录》称："无忧泉，在趵突泉大门内西方，此次修建平。"是谁将无忧泉破坏的呢？原来是军阀张宗昌。张宗昌修筑趵突泉一事见于1927年出版的《济南快览》："十五年（1926），（趵突泉）为督办张宗昌氏加以修筑。前面修为楼房之市场，泉南则加筑石山，山上盖一茅亭，以备游人眺望。"

1989年，趵突泉园区在原址附近重新恢复了无忧泉。如今走在无忧泉边，听水声潺潺，看水映池柳，一切烦忧顿消。正如清张善恒诗云："盈涸本无常，自行还自止。安得一寸心，化作无忧水。"

石湾泉·湛露泉·酒泉

　　石湾泉、湛露泉和酒泉位于趵突泉园区内，在趵突泉东南。三泉现为连体泉池，石湾泉北临白雪楼；湛露泉在石湾泉西，北临无忧泉；酒泉在石湾泉东。石湾泉、湛露泉和酒泉在金《名泉碑》、明《七十二泉诗》中均有收录，其中石湾泉和湛露泉现名列济南新七十二名泉。三泉出露形态均为渗流，长年不竭，注入西护城河。泉池呈不规则形，以假山石

石湾泉　左庆摄

驳岸，深 1.08 米。池岸岩石上镌刻"石湾泉""湛露泉"和"酒泉"泉名，分别为济南当代著名书法家朱学达、荆向海和刘雯题写。

石湾泉因巨石驳岸，状如水湾而得名；湛露泉和酒泉的泉名都与饮酒有关，取自《诗经·小雅·湛露》："湛湛露斯，匪阳不晞。厌厌夜饮，不醉无归。"诗中描写的是清秋夜宴之景。

历史上，石湾泉、湛露泉和酒泉的位置很近，但并不是连在一起的。元《齐乘》引用《名泉碑》，记载三泉的相对位置为"曰无忧、曰石湾，趵突南；曰酒泉、曰湛露，无忧西"；明《七十二泉诗》称"石湾池接槛泉南"，称湛露泉"通乐古园饶爽气"；明嘉靖《山东通志》称无忧泉和石湾泉"在趵突泉南，或云在槛泉西南"，湛露泉和酒泉"在无忧西"。由此可见，最初石湾泉与无忧泉位置相近，在趵突泉南边或西南，紧临趵突泉。湛露泉和酒泉位置相近，在无忧泉以西、通乐园（今万竹园）内。明朝末年起，石湾泉曾数度淤塞，后泉址迷失；湛露泉和酒泉虽未淤塞，但位置有所变化，后来也迷失其址。明崇祯《历乘》称，包括石湾泉、湛露泉、酒泉、无忧泉在内的明《七十二泉诗》中的 40 泉都"有其名而莫辨其址"；而明崇祯《历城县志》称"石湾泉，趵突南玉壶堂西廊下。源塞数载，其流改入酒泉"，"湛露泉，无忧西，流入趵突"，"酒泉，无忧南，流入趵突"；清雍正《山东通志》称"酒泉，无忧泉南；湛露泉，无忧泉西"，"石湾泉，趵突西，今塞"。由此可见，在明末清初，酒泉的方位发生了变化。清道光《济南府志》称"石湾泉，在趵突泉南，《通志》云今塞"，同治年间郝植恭《七十二泉记》未载石湾泉、湛露泉和酒泉，1928 年出版的《历城县乡土调查录》称"石湾泉在趵突泉南，与无忧泉并列，今迷"，"酒泉，在围屏街张子志（即张怀芝）花园内；湛露泉，同前"。湛露泉、石湾泉和酒泉在 1964 年山东水文地质队调查时，均已遭填埋或迷失泉址。

湛露泉　左庆摄

　　1997 年夏，趵突泉园区在公园南门内迎门假山与白雪楼之间，重新发掘出泉源，以自然石砌垒成不规则形连体泉池，自西向东依次认定为湛露泉、石湾泉、酒泉，并分别在南侧石壁上镌刻了泉名。

　　白雪楼，位于趵突泉东南侧，为纪念明代"后七子"领袖李攀龙而建。历史上白雪楼共有三处。第一处是鲍山之白雪楼。李攀龙回归故里后，先在故居附近的鲍山筑楼隐居，潜心著作，并把楼取名为"白雪"，以寓战国楚人宋玉《对楚王问》赋中"阳春白雪""曲高和寡"之意，表明自己孤高自许，不同流俗。那时李攀龙和故交诗友在白雪楼晨夕唱和，切磋学问，一时声满齐鲁，名闻天下。第二处白雪楼，是他晚年在济南城内大明湖南边的百花洲建起的白雪楼。其整个宅居位于百花洲东南的岱宗街上，并于百花洲东南的水中堆土垒岛，建白雪楼自住，人称"大

明湖白雪楼"或"湖上白雪楼"。李攀龙的朋友、诗人许邦才在诗中称它为"湖中楼"。这栋楼高三层,第一层会客,第二层是书室,第三屋由其爱妾蔡姬居住。此楼四面环水,特意不设桥梁,唯造小船与湖岸相通。一般达官贵人来访,均不放船相迎,只有志同道合者才以舟相接,受到热情的接待。时与好友饮酒赋诗,还可以品尝到蔡姬的拿手美食葱香包子。其包子的特色是,当包好馅子时,上留一孔,插下章丘名产大葱段,将要蒸好时把葱段取出,再用面密封,吃时便会保留葱香而不辛辣。

前述两处白雪楼,后几易其主,都已坍毁。鲍山的白雪楼址后来成为富户的马棚,百花洲上的白雪楼只剩下几间茅屋和一块匾额。在李攀龙去世几十年后的明万历年间,山东按察使叶梦熊因敬仰李攀龙,又在趵突泉东修建了一处白雪楼。据清末李攀龙的九世孙李献方所撰《重建白雪楼记》载，以上三处白雪楼都已先后坍毁。到了清顺治十一年（1654），山东布政使张缙彦在当时趵突泉东的历山书院内又重建一所白雪楼。楼五楹两层，坐北朝南，前门出厦，落地隔窗，楼的四周环小溪，泉水淙淙。大门在前，由小桥相通，后来改为白雪书院。后历经各朝不断整修，又增建了厅房，改建了大门，由趵突泉前街出入。岁月迁延，到济南解放时，因年久失修，地基下沉，楼已凋敝不堪。1960年趵突泉扩建时，白雪楼被拆除。

1995年白雪楼又在原址西重建，建筑面积为400平方米，古戏楼形式，二层，歇山飞檐，巍峨壮观，正厅内陈放着李攀龙全身坐姿铜像，厅内由其弟子学生及当代名人所题写撰文的诗碑匾额，墙上挂的大幅"会友图"，再现了当年李攀龙诗酒唱和的盛景。楼上房檐下悬挂着"白雪楼"匾额。楼前立有其后人和当代学者写的"重修白雪楼记"碑。下层北侧设戏台，梨园名家常于此表演。楼的南侧叠以假山，山北侧为湛露泉、石湾泉、酒泉，泉池内植以荷花。西侧为无忧泉，水面甚大，常年不涸，水草碧绿，锦鱼戏游。楼东为藤架，北为树林，景色甚为清幽。

李攀龙一生，为人英迈，才气横溢，奋发向学，酷爱古代文词，其创建的"历下诗派"，在文坛上独树一帜。他一生著作颇丰，编选有《古今诗删》《白雪楼诗集》等，又著《沧溟文集》30卷。

满井泉

满井泉位于趵突泉园区内,在趵突泉北、娥英祠和三圣殿之间院落的西南隅。金《名泉碑》、明《七十二泉诗》均有收录,现名列济南新七十二名泉。满井泉在明末曾经淤塞,据明崇祯《历乘》:"满井泉、煮糠泉,二泉均在趵突东西厢下,今淤。"该泉于1954年被覆盖,1964年干涸。1965年《济南泉水一览表》记载满井泉位置在"趵突泉公园二

满井泉 李华文摄

大殿东北"，"井形，水不出流，有气泡"。1979年遭填埋，1997年得以修复。泉水出露形态为渗流，长年不竭，注入西护城河。泉池呈六边井形，直径2.26米，深1.40米。池壁为石块砌成，池周饰有雕石栏杆，南侧栏板刻的"满井泉"三字为济南当代书法家梁修题写。

明《七十二泉诗》称满井泉"川流不息井泉盈，明秀亭前脉脉清。应是夜来春雨急，水高三尺小池平"。可见在明初，满井泉近旁曾有一明秀亭，泉水盈溢井口而奔流不息，满井泉或许得名于此。

在满井泉的南北两侧，有三座宫殿式建筑，坐北朝南，建在同一中轴线上，从南至北依次为泺源堂、娥英祠、三圣殿，称"三大殿"。南边的第一大殿，面阔3间，进深6米，高架两层，歇山飞檐。红漆木楹柱，黄色琉璃瓦，金碧辉煌，蔚为大观。门上匾额，鎏金隶书："泺源堂"。抱厦楹柱，悬挂木刻楹联，乃元代书画家赵孟頫咏《趵突泉》诗"云雾润蒸华不注，波涛声震大明湖"一联，由当代济南书法家金棻书。殿前为卷棚式厦檐，楣额透雕云纹、彩亭、禽兽、花卉等图案，显得玲珑古典。殿台临水，为赏看趵突泉景最佳处。中间为二大殿，三楹两层，斗拱错落，红柱绿瓦，熠熠生辉。最北为第三大殿，硬山出厦，古朴无华。现前殿为展厅。二大殿为"娥英祠"，祀娥皇、女英。三大殿为"三圣殿"，祀尧、舜、禹。三座大殿形成二进院落，占地面积约1000平方米，东西各设洞门，分别嵌砖刻门额"枕流""漱石"。墙壁饰有花格透窗，与窗外景色相衬，呈现出幅幅图画。那亭亭玉立的雪松，苍老古拙的国槐，飘飘悠悠的翠柳，妖妖艳艳的蜡梅，都被摄入窗内。

三座建筑之间立有19方明清以来名人的咏泉碑刻。其中一方被称为"双御碑"，正面镌刻了清康熙皇帝所书"激湍"二字，背面刻清乾隆皇帝《再题趵突泉》诗。

三座大殿为明清建筑，1979年被列为济南市市级重点文物保护单位。

此处最早为娥英祠，纪念舜的两位妃子娥皇、女英。北魏郦道元《水经注》记曰：历城有泺水，"俗称之娥姜水也，以泉源有舜妃娥英庙故也"。这也是志书记载较早的祭祀娥皇、女英的祠庙之一。该祠后荒废。至北宋，曾巩任齐州知州时，在此建泺源堂和历山堂，供朝廷和邻近州郡使者、官吏来时居住，并作《齐州二堂记》。

金元时期，泺源堂原址改建为吕仙祠（传说为元好问所建），供奉吕洞宾。明天启年间，山东盐运使张奎光（据侯林、王文《〈趵突泉志〉勘误》一文，应为张光奎）、济南知府樊时英和历城知县吕黄钟改建吕仙祠为吕仙阁，祀吕洞宾，阁分上、下两层。清顺治十一年（1654），道员何启图建后阁，上层祀钟离权，下层祀文昌帝君，同时将阁后的李

满井泉　左庆摄

公祠改祀斗母。此三殿在民国时期分别为吕祖殿、正阳殿、斗母殿，统称为"吕祖庙"。趵突泉园区建园后，吕祖殿恢复原名；正阳殿改建为娥英祠，祀娥皇、女英。祠前楹联"琴瑟友之钟鼓乐，凤凰归矣潇湘吟"，由济南文史学者徐北文撰联并题写；斗母殿改建为三圣殿，祀尧、舜、禹。殿前楹联"趵突腾飞，三泉欢唱尧舜禹；中华昌盛，万代长明日月星"，由徐北文撰联、济南当代书法家朱学达题写。

登州泉

　　登州泉位于趵突泉园区内，在趵突泉西。金《名泉碑》、明《七十二泉诗》均有收录，现名列济南新七十二名泉。该泉早年位于花墙子街南边的义兴酱园（门牌号57）院内；新中国成立后，这里成了济南日用五金二厂，院内还修建了厂房，以致泉池缩小而隐身于工厂办公桌之下。

　　1965年《济南泉水一览表》记载登州泉位置在"花墙子街55号白

登州泉　王琴摄

铁社"，"泉水上溢"，最小流量 5.9 升／秒，最大流量 11.7 升／秒，为居民饮用水。

花墙子街，原名"广会街"。原存该街 23 号西墙砖刻题字："广会街杜康泉丁酉八月"。据传，因街西侧之饮虎池、白龙湾、登州泉、杜康泉泉水均流经此街，东与趵突泉会合，故名"广会街"。清末时更名为"花墙子街"。

旧时的花墙子街，泺河由西向东而过，刚好位于趵突泉泉群的中心地带，为地势相对低洼、地下水位最高之地。街上有 3 处清泉，经常有泉水溢出，漫过石铺的路面。街上常有水的路段主要在街的中间，北起趵突泉西门前后，南至街上的泺河小石桥，杜康、登州两泉也在此间，"清泉石上流"的景象实为壮观。如今，这条颇能体现"清泉石上流，人在水中走"历史风貌的著名古街，已在趵突泉公园扩建中融为独具特色的"通泺园"景区，意为"通往泺水（趵突泉）的园子"。

1994 年，花墙子街改造时，该泉再遭填埋。1997 年，扩建趵突泉园区时得以恢复。泉水出露形态为渗流，长年不竭，流入西护城河。泉池呈长方形，为石砌，池北壁镌有"登州泉"泉名。登州泉泉池为两层，外池长 6.2 米，宽 5.5 米；内池长约 3 米，宽约 2 米，深 3.1 米。泉水自内池涌出，漫过池沿，流入外池，在四面池沿上滴滴而下，形成流挂的水帘，这一特殊景观被称为"登州水帘"或"珠帘悬池"。

登州泉泉名的由来不甚明了。有种说法是，传说此泉因水脉远通登州（今蓬莱）而得名。明《七十二泉诗》称登州泉为"文登一脉透谭城，澄澈全无蜃气腥。安得雪堂苏学士，朗吟万竹濯清泠"，但这种说法细推敲起来却毫无道理。我国的江河大都东流入海，这是常识，命名此泉的古人怎么可能认为泉水是从千里之遥的东海倒流回济南呢？而且山东东部沿海这么多地方，为什么偏偏取名登州？其实古人将此泉取名登州，

20 世纪 60 年代的登州泉

可能是将此泉比作蓬莱仙山。因为蓬莱县是明代登州府的附郭县，相当于济南府与历城县的关系。济南与历城（历下）在古诗文中经常互相指代，蓬莱与登州也是如此。蓬莱之名来源于古代传说中的海外三仙山之一的蓬莱仙山，将此泉命名为登州泉，很有可能是最初的登州泉泉源上涌，形似蓬莱仙山。

　　要说能将古代济南与登州联系在一起的传说故事还真有一个。说的是秦琼被靠山王杨林擒获，押往登州，瓦岗山众英雄乔装潜入登州城救出秦琼的故事，出自《隋唐演义》《说唐》等小说。秦琼是济南历城人，家住城西关五龙潭附近，与登州泉所在位置相距不远。虽说《隋唐演义》《说唐》等小说成书于明末清初，但隋唐题材的小说多以正史纪传为本，又增以唐宋间杂说和故事传说，后经过民间说唱艺人多次加工而最终形成。秦琼打登州的故事或许在宋金时期就已经流传了。

史志中记载的登州泉和今天的登州泉位置有差异。历史上记载的登州泉是古代万竹园内的白龙池，临近万竹园内的望水泉。登州泉最早载于金《名泉碑》，元《齐乘》中标明其位置，与望水泉都在"万竹园内"；明崇祯《历乘》称登州泉"有其名而莫辨其址"；而在明崇祯《历城县志》里，登州泉却找到了位置——"登州泉，趵突泉西角，圆通寺侧，今白龙池"。清代的志书大都沿袭明崇祯《历城县志》的观点，称登州泉即白龙池，临圆通寺。圆通寺在趵突泉西，为明代济南进士、吏部尚书尹旻在成化年间所建。在清末《省城街巷全图》中，登州泉在望水泉东、杜康泉西偏南，这并非白龙池的位置。

民国志书，如1928年出版的《历城县乡土调查录》、1934年出版的《济南大观》、1941年出版的《济南名胜古迹辑略》等，均称登州泉在今万竹园内。中华人民共和国成立后的资料称登州泉位于花墙子街的一处院落内，如20世纪80年代出版的《济南的泉水》《济南市地名志》《济南市园林志资料》等书。

1997年，花墙子街划归趵突泉园区后，登州泉得以恢复，并将泉池巧妙地设计为内外双层结构，不仅让泉水重新焕发了活力，还使人们在丰水期可以欣赏到"珠帘悬池"的美妙奇观。

杜康泉（北煮糠泉）

　　杜康泉位于趵突泉园区内，在趵突泉西北、观澜桥西。金《名泉碑》、明《七十二泉诗》均有收录，现名列济南新七十二名泉。古时称"北煮糠泉"或"煮糠泉"，清代讹传为"杜康泉"。因府城内刷律巷有一杜康泉，人们为了区别两泉，故将刷律巷杜康泉称为"古杜康泉"，将临近广会桥（大板桥）的杜康泉（北煮糠泉）改称为"广会杜康泉"，并

杜康泉　左庆摄

杜康泉　王琴摄

在泉池西壁嵌"广会杜康泉"砖刻。

1965年《济南泉水一览表》记载杜康泉（北煮糠泉）位置在"花墙子街27号北侧"，"水流上涌成池"，最小流量59.5升/秒，最大流量105.4升/秒，为居民饮用水。

据《济南泉水志》记载，该泉原位于花墙子街23号门前，水势旺盛，清冽甘美，昔日为居民饮用水。1994年花墙子街改造时被填埋，1997年趵突泉园区西区扩建时得以修复。泉水出露形态为渗流，长年不竭，流入西护城河。泉池呈长方形，为石砌，长4.50米，宽3.87米，深0.46米。南侧连一井形泉池，池上建亭，额悬"杜康泉亭"木匾。

据《济南老街史话》中秦若轼所撰《花墙子街》一文介绍，花墙子街上的名泉有三处，原从街北起向南，分别是杜康泉、登州泉、花墙子泉。过去的杜康泉泉涌旺盛，晶莹碧透，水质清冽甘美，即人们常说的泉旺水甜。加上地处趵突泉边，交通方便，池前有足够大的停车放担的地方，又是街上三处泉池中唯一位于街旁的泉，所以这里就成了街上及近街人家主要的饮用水源。泉边车拉、肩挑、手提的打水人络绎不绝，花墙子街也因此变得很是热闹。20世纪三四十年代，街上开始有了自来水供水点，百姓都到杜康泉南边的小水管子去担水。其后改造街巷，自来水进入百姓家后，扁担、水桶才算完成了历史使命。

花墙子街北接剪子巷，南边过街就是劝业场，东拐是趵突泉前街，这些街区都是济南早时著名的商业街区。加之近处又有著名的趵突泉和风景优美的万竹园，故花墙子街也逐渐成了繁华的商业街。所不同的是，该街路东与趵突泉只一墙之隔，加之南头的路东旧有药王庙，故整条街道只是西面有住户和商铺，这与其他街巷相比是独特的。街上的住户与店铺相间，低矮平房与二层小楼互借，有的前店后坊，有的下店上坊，内以经营玻璃制品、瓷器杂货为主。

杜康泉（北煮糠泉）因何得名已不得而知。明《七十二泉诗》称北煮糠泉："趵突西隅作石棚，泉名糟粕待煎烹。一掬可清无尘滓，何是当年玷浊名。"这首诗说的是，位于趵突泉西面的北煮糠泉可用于烹茶；用手捧起泉水，可以看到泉水清澈、毫无杂质，哪像当年取的"煮糠"这个名字那样粗浊？

杜康泉（北煮糠泉）曾几易其名，几度与其他具有相似名称的泉水混淆。在元代《齐乘》收录的金《名泉碑》中，有南、北两个煮糠泉，分别在"螭（腊）山窝北"和"趵突北"。此外，还有一个煮糟泉，在"四里山南"；一个杜康泉，在"南舜庙"。到了明嘉靖《山东通志》里，"煮糟泉"被误写为"煮糠泉"，"北煮糠泉"漏掉了"北"字，也成了"煮糠泉"。煮糟泉被写为煮糠泉的讹误被以后的志书所承袭，唯清乾隆《历城县志》仍称"煮糟泉"。同样，受明嘉靖《山东通志》的影响，明《历乘》和清康熙《山东通志》中也将"北煮糠泉"写为"煮糠泉"，造成两处煮糠泉重名。到了清代，"北煮糠泉"又被讹传为"杜康泉"，与舜庙附近的杜康泉重名。清乾隆《历城县志》卷八《山水考·三》："按今有石刻名'杜康泉'者，或即北煮糠，以声而讹也。"如今，位于刷律巷的古杜康泉已湮没多年。今天人们所说的杜康泉一般就是指位于趵突泉园区的北煮糠泉，也称"广会杜康泉"。

2007年9月，趵突泉园区在杜康泉边建泉水取水点，供游人取用，这是济南最早设置的取水点之一。当时的取水点未建泉水净化装置，取出的泉水不宜直接饮用。2014年5月，杜康泉取水点又升级改造成为泉水直饮点，济南市民和游客终于可以在泉边直接喝到原汁原味又安全卫生的泉水了。

花墙子泉

花墙子泉位于趵突泉园区内，在趵突泉西北、杜康泉西北侧。原在花墙子街 87 号一酱园院内，因街而得名。泉水出露形态为渗流，长年不竭，流入西护城河。今泉池为石砌长方形，长 3.6 米，宽 2.3 米，深 1.53 米，池周绕以青柱石栏。

1965 年《济南泉水一览表》记载花墙子泉位置在"花墙子街 87 号院内"，"泉水上溢"，最小流量 2.0 升 / 秒，最大流量 3.0 升 / 秒，为居民饮用水。

据《济南老街史话》中秦若轼所撰《花墙子街》一文介绍，花墙子

花墙子泉　左庆摄

泉原位于街最南头。此泉未列入七十二名泉之列。泉池原在 87 号一家酱园的院内，不知何时被填埋，1983 年进行泉池调查时仍不见踪影。20 世纪 90 年代，在花墙子街拆除并划归趵突泉公园改造时，在花墙子街北边的另一酱园旧处地下，又挖出一个新的泉（原本是不在册的一口井）。由于这处泉与原花墙子泉位于同一条街上的一南一北，且都是在同一性质的酱园院内，故人们便把这处新泉命名为"花墙子泉"。

济南名为"花墙子街"的街道有两处，一处是位于芙蓉街北头府学

20 世纪 60 年代的花墙子泉

文庙东、西两侧的东花墙子街和西花墙子街，另一处就是趵突泉西面的花墙子街。两处花墙子街都因临街墙体为砖砌镂空花墙而得名。不同的是，文庙花墙为半镂空，墙体上半部分镂空，下半部分为实体墙；而趵突泉西墙的花墙为全部镂空墙体。这是因为趵突泉花墙除了供观景外，还兼有临时泄洪的功能。现在趵突泉南路南段（从趵突泉东门到文化西路）俗称"南关山水沟"，是济南市区主要泄洪通道之一。现在泄洪沟位于路面以下，但在 20 世纪 60 年代前，南关山水沟并不是将洪水向北直接排入西护城河，而是先在现趵突泉东门的南面向西流入趵突泉，绕过泺源堂西侧向北，穿过大板桥、小板桥，再汇入西护城河。直到 1964 年南关山水沟改造工程建成后，泄洪通道才取直，向北通入西护城河。过去，趵突泉常因承接洪水而造成泉池淤塞，趵突泉西侧的花墙也因此受到洪水冲击。所以，将趵突泉西侧的花墙设计成全部镂空是为了方便泄洪。20 世纪 30 年代，韩复榘在趵突泉泉池南建水厂后，为防止水厂被冲，便将南段的花墙改成上空下实的形式，只在花墙子街中部的杜康泉斜对面留下一个不大的洞口，后来还安了铁栅栏，以排洪水和盛水期出流的泉水。由于留的洞口小，时间一长，就冲成了一个大豁口，但上部的花墙仍悬而未倒。济南解放初，在整修趵突泉时，将花墙改建成了实墙。每逢大雨，那汇聚而来的高位水流，常排泄不及，不仅流入民宅，甚至会把墙冲倒。1962 年 7 月 13 日济南市区 6 小时降雨 298 毫米，1987 年 8 月 26 日济南市区 10 小时降雨 317 毫米，这两次暴雨都曾把墙的局部冲倒，留下了几个大豁口。20 世纪末，趵突泉园区西区扩建，花墙子街及附近几处名泉都被划入公园范围，原来趵突泉西面的花墙被拆除了。通过多年的防洪治理，趵突泉泉池再也没有洪水淤塞之虞，而趵突泉花墙这一旧景观也随之永远消失了。

望水泉

　　望水泉位于趵突泉园区万竹园西院。金《名泉碑》、明《七十二泉诗》均有收录，现名列济南新七十二名泉。泉水出露形态为渗流，长年不竭，流入西护城河。泉池呈长方形，为石砌，东西长 15.25 米，南北宽 9.96 米，深 1.33 米，北岸池壁嵌"望水泉"刻石。泉池上架南北向三孔石桥，桥南建亭，北连过厅门楼。池周建筑错落，竹林密布。

　　1965 年《济南泉水一览表》记载望水泉位置在"省卫生厅南亭下（二院）"，"水流平静涌砂"。省卫生厅南亭，即今万竹园西院的海棠院与杏院之间一座跨池石桥南端的彩亭。

　　明《七十二泉诗·望水泉》诗云："万竹园中景趣幽，双泉一脉望登州。碧梧百尺栖丹凤，雪浪千堆戏白鸥。"明清时期，望水泉与登州泉同在万竹园中且相距不远，两泉相望，望水泉之名或许由此而来。清代范坰对于望水泉泉名的来历给出了另一种说法。他在《新齐音·风沧集》的《望水泉》一诗的诗注中写道："偶读《群芳谱》，有望水檀者，春枯夏荣，黄梅过方舒叶，既开则水定。农人凭以卜水候。……此泉命名盖此意，秋史（指诗人王苹）或未之检耳。"其实，范坰的这个说法是站不住脚的。望水檀，学名黄檀，俗名"不知春"，开花晚，落叶早，是我国南方常见的树种，北方很少种植，所以济南望水泉不可能得名于望水檀。

　　望水泉所在的万竹园历史上曾数次易手，并数次易名。元代称"万竹园"，因园内有大片竹林而名。明代称"通乐园"。历代史志资料均

称通乐园为殷士儋建,明隆庆五年(1571),武英殿大学士殷士儋归隐济南,卜居于此。在园内垒山叠石,疏泉筑亭,兴舍植花,将该地建成了别具一格的花园式宅院,并改名"通乐园",既有"万民同乐"之情,也有"通泺"之意。后又把元代文学家张养浩生前喜爱的太湖石"麟"石搜来园中,又修建起"川上精舍",故园名又称"川上精舍"。时与邑人边贡、李攀龙、许邦才等以经史自娱,相互唱和,被人们誉称"历下四诗人",同时著书讲学,从者如云。但"通乐园"一名最早见于明晏璧的《七十二泉诗·湛露泉》:"通乐古园饶爽气,厌厌夜饮醉无妨。"晏璧为永乐年间山东按察司金事,比殷士儋生活的年代早了一百多年。《湛露泉》诗中称"通乐古园",说明通乐园的名称可能早在元末明初就有了。

殷士儋去世后,通乐园随之冷落下来。先卖给了姚秀才,后成为菜园六七十年,又转孀妇王氏三十年。历经百年后,清代的另一位历城诗人王苹成为园子的主人。王苹在万竹园旧址结庐潜居后，竹子虽然没多少了，但望水泉和奇石仍在，因望水泉在济南七十二名泉中名列第二十四，遂称自己在泉上新建的书斋为"二十四泉草堂"，又称"王秋史读书草堂"。同时在草堂前后辟地种菜，开挖池塘，并导泉为溪，萦回园内，使此园又成为读书吟诗的胜地，时人称之为"王氏南园"。王苹故去后，王氏南园、二十四泉草堂等渐为荒凉。后来被富豪占有，遂

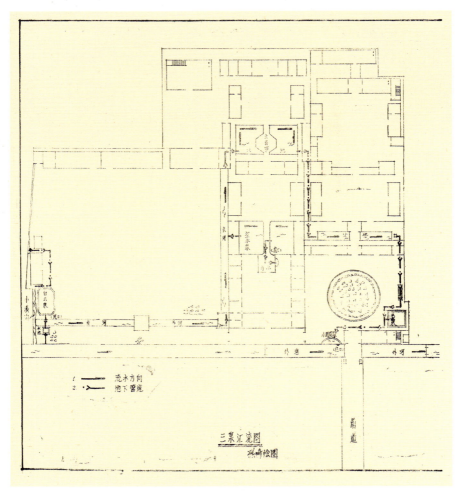

张怀芝后人张琦绘制的万竹园《三泉汇流图》

辟园种田。其后，园子又被几家豪绅瓜分，有的建为宅院，有的建为店铺形成市井，有的仍为菜畦，已无当日风光了。

民国初年，山东督军张怀芝征购此地，建起了私人宅院。万竹园才得以恢复旧时的园林之胜，形成今日之建筑格局。1916 年，张怀芝在这片土地上大兴土木，营建宅邸，征集大江南北的能工巧匠为其设计施工。1918 年张调离山东和 1924 年张退役闲居天津后，宅邸仍未停止建设，并不时由北京、天津来济督察施工。一直到 1927 年，历经 10 多年断断续续的营建，张氏宅邸方告竣工，形成了一组规模宏大的江南园林和北方庭院相结合的建筑群。张怀芝私宅，临街两个大门，宅院占地 1.4 万平方米，分为东、西、南三园（院）及一处花园，计有 13 个院落，186 间房舍，极尽奢华。民间把其庭院称为"张公馆"或"张家花园"。张家花园集南、北方园林之精华，园内石雕、木雕、砖雕等雕刻细腻逼真，为万竹园"三绝"。现万竹园的建筑主要是这一时期建成的。

1929 年，国民党政府从泰安迁回济南，时国民党历城第一区党部就设在这里。抗战期间济南沦陷，这里又成了"华北棉产改进会山东分会"的办公地。抗战胜利后，万竹园一度又成了国民党军官驻地。1951 年后，张氏后人将所有宅院全部卖给国家，先后做过省卫生厅、省检察院的办公驻地。1980 年，政府将该地划归市园林局管理。1986 年，将万竹园划入趵突泉公园。1991 年，泺源大街拓宽时，南园（院）被拆除。1994 年，万竹园的围墙被拆除，万竹园成了趵突泉公园的一部分，并恢复了"通乐园"的古称。

望水泉位于万竹园西院，原为张怀芝家祠院和接待宾客的地方。大门东开，有四进院落。入门是一广阔的院落，院南有客厅，外有游廊与东西厢房相通，是接待和宴请一般客人的场所。院北有望水泉池，池上有桥，入口有四柱方亭。过桥进入海棠院。海棠院院落方正，正面为北

望水泉　李华文摄

客厅，东西厢房均为餐厅，是接待贵宾之地。厅后有水池，池上有桥，桥上建有六面亭，故又叫"池亭院"。院有侧门，可达西花园。后为院落方正的木瓜院，内有带隔扇的东西厢房，北房大厅为祠堂，院有侧门和东院相通。家祠院西有练武场，场北有二层藏书楼。

　　万竹园的宅院，一是宅基宏大，内中的住房、接待、家祠、保卫、管理及院落等功能齐备，主次分明；二是三处宅园（院）都是采用传统布局，中轴对称，布局严谨，且各有特色；三是宅园合一，除住房等外，还建有花园、假山泉水、凉亭曲廊、甬道蜿蜒，花园虽小，但视线开阔，小中见大，宅中有园，园中有房，给人以明朗清新之感；四是建筑讲究，门楣、砖石、梁柱、额枋、亭廊等，无一不是精心取材，色调淡雅，雕刻精细。万竹园除在建筑上有其特色外，对水的利用上，也是匠心独运，灵活多变。花园西南角的白云泉，出流入河，过亭穿屋，汇入望水泉后，过院经池，与东高泉等合流后出院，经地下暗道东流，汇入枫溪。泉池、河水、住宅，动静相配，整个建筑的墙、廊、亭、楼、堂及花木竹树，参差错落，起居幽静温馨，明朗轻快，身居闹市仍可得水林之乐。园内的白云泉、望水泉、东高泉均为济南七十二名泉，以人工疏导三泉汇流，也是万竹园张氏私邸建筑的一大特色。1993 年，万竹园被收入《中国传统民居图集》2020 年，万竹园被列为第八批全国重点文物保护单位。

东高泉

　　东高泉位于趵突泉园区内，万竹园东院南门外假山的东南侧。金《名泉碑》和明《七十二泉诗》均有收录。因其位于万竹园东侧，且地势高于园内的望水泉和白云泉，故得名。明《历乘》和《七十二泉诗》称"东皋泉"。泉水出露形态为渗流，长年不竭，流入西护城河。

　　历史上的东高泉和如今万竹园内的东高泉并非同一处泉水。东高泉最初的位置，元《齐乘》记载与漱玉泉同在"金线南"。明《历乘》称"有其名而莫辨其址"。明崇祯《历城县志》记载在"金线南，今淤"。之

东高泉　左庆摄

后的志书均记载在"金线泉南"。清乾隆《历城县志》记载趵突泉时说："金线、皇华、柳絮、卧牛、东高诸泉自东来注之，漱玉、无忧、石湾、酒泉、湛露诸泉自南来注之，登州、望水诸泉自西来注之。"这说明东高泉最初在趵突泉东面。东高泉久已淤塞，泉址已迷失。清《七十二泉记》未载，清光绪《山东通志》称"或已淤塞，如卧牛、东高之类"，民国《历城县乡土调查录》称"今失考"。

1965年《济南泉水一览表》记载东高泉位置在"省卫生厅二门东侧"，"泉水溢出成流"。省卫生厅二门，原为万竹园南院的二门，1991年泺源大街拓宽时，万竹园南院被拆除。

万竹园南院是张怀芝于1911年辞职赋闲时所建的住房，垂花式样的大门，内为砖石结构的三进院落，均无走廊，与后来建成的东、西院成"品"字形组合。"南院"又称"前院"，后作为外账房及卫兵宿舍。南院靠街两侧砌有方形的墩柱，其上装有两扇大铁门。进门北行，有6～7米宽、60～70米长的石板甬道，直至二门前的小石桥处。桥前石狮一对，分列左右。二门内的东边建有带女儿墙平台的二层楼房，并有花墙围绕。门内迎面是一座假山，四周用石头砌成圆形，内中花木繁茂。假山东南角是著名的东高泉。假山西南有小趵突泉，即1994年新取名的迎香泉。绕假山行便到了东、西院的大门及西花园。不同朝向的大门都朝着门前的假山，即用假山代替了影壁墙，同时又美化了环境，其布局少见。

万竹园东院，是张怀芝的住宅院。大门坐北朝南，门台高筑，青砖黑瓦，古朴典雅，是传统的民宅建筑式样。东园内有四大院、三小院。中开南向的宽敞挂花大门，门口有上马石、石狮。进门后为东西狭长的前院，院南边是不宽的走道。北侧有一清池，水从建筑下方透墙流入，环绕而过，穿屋而出。清池上有平桥横卧，波光云影，给人耳目一新之感。过垂花二门，进入内宅的石榴院。院子矩形，中厅与东西厢房，硬山明柱，周有外廊

1993 年万竹园前庭院垂花门　薛尧摄

与月亮门相连，是张主要的活动场所。过中厅后门或绕经东、北侧夹道小院可入后宅，入口有精雕细刻的垂花门，里面是内宅主院的玉兰院，庭院方正宽大，内有水井。正房北屋为前后布设的两栋二层阁楼，前楼匾额"恒明"，是张的正房，与两边带有隔扇的厢房由抄手游廊和月亮门相连。后楼前有横向院子，对外无楼梯，有空中"天桥"与前楼相连，这是女孩的绣楼，进出需要经前楼，以保安全。院子树下有一口小水井。

　　今东高泉为石砌方池，池岸立有楷书"东高泉"石碑，上款为"己酉季春"，下款为"芝□□"。己酉年为 1909 年，恰为张怀芝任北洋陆军第五镇（驻济南）统治官时期。张怀芝修建张家花园（万竹园）的时间虽然在民国初年，但其购地及先期规划应在清末。历史上的东高泉并不在万竹园内，万竹园内的东高泉在清末才出现。极有可能是张怀芝先期经营万竹园时，在园东门附近发掘出这处泉水，以古泉之名命名为"东高泉"，石碑上的"东高泉"三字也极有可能为张怀芝题写，落款处隐约可见"芝重建"三字。

白云泉

　　白云泉位于趵突泉园区内，在万竹园西南隅，北临白云轩。泉水出露形态为渗流，长年不竭，积水成池。今泉池为石砌长方形，南北长10.66米，东西宽5.8米，深1.25米。泉池西岸嵌有"白云泉"刻石，上款为"壬子"，下款为"芝建"。

　　1965年《济南泉水一览表》记载白云泉位置在"省卫生厅后院花园

内"，"泉水平静出流"，最小流量64.2升/秒，最大流量151.6升/秒。省卫生厅后院花园，即今万竹园西院西侧的西花园，原为张怀芝宅院的后花园。

今天的万竹园之名是借用古名，其前身就是张氏宅院。张氏宅院分为南院（前院）、西院、东院和西花园四大部分。张氏宅院的门牌号码为围屏街13号和14号。围屏街13号为正门，进入正门后向北有一条近百米的甬道直达二门，二门内为假山，假山以北为东院，假山以西为西院，西院以西为西花园。围屏街14号为南院大门。围屏街14号的南院以及13号的大门、甬道、二门均已在20世纪末被拆除。现在的万竹园基本保持原来围屏街13号宅院东院、西院和西花园的格局。

万竹园的西花园，略成方形，东南两面临河，内有假山、泉水（白云泉）、桥亭、曲廊，并修竹千竿，遍植花卉、树木草皮，还有葡萄架、藤萝花架，此外还有花厅和鹿园。花园曲径通幽，绿地成茵，香飘四季，繁花似锦。万竹园的花园，以竹为基调，疏竹簇簇，翠竹摇曳，给万竹园平添了几分江南韵味，也成为历代诗人都吟咏过的济南一大景观。

万竹园内的白云泉与金《名泉碑》中的白云泉同名，但并非同一处泉水。《名泉碑》中的白云泉位于"刘氏（泉）南"，在明德王府内、珍珠泉西北，因临近白云楼而得名，又名"云楼泉"。云楼泉现位于西更道街4号院内。万竹园内的白云泉则是清末民初发现的新泉水。一个有趣的现象是，现今万竹园内的三处泉水均有石刻题名，题款的时间相近，但落款均不署全名或不署名，这似乎是有意为之。东高泉的题款时间为己酉（1909）季春，落款署名为"芝□□"；望水泉的题款时间为庚戌（1910），无署名；白云泉的题款时间为壬子（1912），落款署名为"芝建"。三处题写的泉名字体笔迹相仿，不得不让人怀疑这三处题名碑刻均为当时万竹园的主人张怀芝所写。

张怀芝（1862—1934），字子志，山东东阿皋上村人。少时家贫，其父为了改变门庭，让张怀芝到马家村贡生杨克典老先生处学习。因家庭贫困，张怀芝无力交纳学费，几次想退学。杨老先生特别同情他，给他免除学费，义务教学。学习四年后，终因贫困辍学。1883年，他随本村族人张在信到天津谋生，后经人介绍入伍，当马夫七年。在当马夫期间他立志学习，熟读了《步兵操典》等军事书籍。1890年，经人推荐入天津紫竹林武备学堂炮兵科学习。五年后被在天津小站练兵的袁世凯选中，编入新建陆军，渐升至左翼炮兵第三营过山炮队队官。1900年，八国联军入侵北京，在慈禧太后携光绪皇帝以及王公大臣逃跑时，他率部作战，护驾有功，得到赏赐与重用。1902年，袁世凯编练北洋常备军，张怀芝任常备军第一镇第一协统制。1905年，北洋新军扩大为6个镇，他被任命为第五镇统制（驻济南），后任天津总兵等职。1912年1月，清廷命张怀芝兼帮办山东防务大臣。1916年任山东督军。1919年特任为参谋总长。1922年授为陆军上将。1924年第二次直奉战争期间，任北洋

白云泉碑　雍坚摄

政府参谋总长兼前敌总执法处处长。直系战败后，去职隐居济南。1934年因病卒于天津。

张怀芝发迹后，对于免去他学费的杨克典老师，曾接到济南奉养。张怀芝在职时，他认识到学习文化的重要性，对家乡的文化教育很关心。为了使老家的穷孩子能上学，他在家乡皋上村兴办了独资私立完小，4栋28间房，定名为"张氏小学"，招收附近穷人家的孩子免费入学，还置有学田若干。

张怀芝在济南市兴源里、新市场（普利门外路南）置有房产，设有收租处。他在汶上县还购买了40顷田产，派人管理。他所置产业中最出名的就是济南的万竹园。

张怀芝督鲁期间，袁世凯授意山东官绅为他建生祠，张怀芝受命，于1904年先以自愿给袁世凯修建生祠名义，联络地方士绅共同合作。按照惯例，名人祠堂多建在风景区，张怀芝先在大明湖畔选址，选了几处，总不满意，最后选在了趵突泉西、剪子巷南端以西种植蔬菜的园子，占地约40亩。这个地方正是原来古万竹园的旧址，地上建筑早已荡然无存。1905年，张怀芝调离山东，改任天津镇总兵兼第四镇统制，建生祠之事暂时搁浅。1911年，袁世凯被起用为总理大臣，张怀芝感到老上司嘱托的事还没有办，于是辞职回济南，开始筹备动工。1916年5月，张怀芝被任命为山东督军，后又兼任省长。袁世凯于6月6日病死，张怀芝便把修建袁世凯生祠的动议变成了修建自己的私人宅第。张氏私宅建筑，都是采用正规式布局，中轴对称，布局严谨，是一座具有北方民居特色的独具一格的传统庭院。它充分利用泉源丰富的特点，在北方典型住宅四合院的基础上，结合江南的造园技巧，把全园分为若干景区，每个景区都具有不同的主题和特色。在空间构图上，突出对比效果，组合成为有大有小、有开有合、有高有低、有明有暗的丰富多彩的空间图像。图景之间互相穿插、渗透，增加了风景的层次。对水的运用更是灵活多变，使三泉巧妙地嵌在建筑群之中，将房屋、花木、泉水融为一体，院院相通，渠渠相连，从而使万竹园成为既有居住性能又有艺术魅力的综合性建筑。万竹园一直到 1927 年才建成竣工，前后十年，凝结了济南人民的智慧和聪明才智，更凝结了济南人民的血汗。在张怀芝统治山东省的两年里，政治腐败，人民陷于水深火热之中。时《民国日报》评论，"鲁省黑暗较袁皇帝时更深百倍"。

泉亭池

泉亭池位于趵突泉园区内，在万竹园西院、望水泉以北。泉水出露形态为渗流，长年不竭，流入西护城河。泉池为石砌长方形，长 21.16 米，宽 13 米，深 0.6 米。

泉亭池为近年来新命名的一处泉水，得名于池上的爱荷亭。爱荷亭建在万竹园西院第二进院落（海棠院）和第三进院落（木瓜院）之间的一座石桥上，亭为六角形、攒尖顶，柱子有内外两层，外层六根檐柱围成东、西两个半圈的"美人靠"，内层六根金柱围成东、西两个半圈的

泉亭池　左庆摄

条凳。亭上的飞檐斗拱、梁枋雀替，均施彩绘。亭下桥墩石柱上雕刻着渔、樵、耕、读四种人物，亭内上方面南悬一匾，上书"爱荷亭"，为齐白石大师之子齐良末于乙丑年（1985）冬月题写。匾额下方两边的柱子上挂有一副楹联"花茎丝丝联故土，碧叶习习爽晚风"，为书法家熊伯齐撰写。匾下外柱上的楹联"朱颜迎旭从无蔓，玉质出泥自超尘"，为李苦禅弟子康宁撰书。爱荷亭内上方面北悬一匾，上书"性月澄明"，落款为"弟子胜立敬书"。"性月澄明"匾下内、外柱上各挂一副楹联，外柱联为"竹影拂阶尘不起，月光穿池水无声"，为李苦禅先生之子李燕撰书；内柱联为"芳溢苍宇无相意，花归莲房有苦心"，为李苦禅弟子王超撰书。万竹园内有"三绝"，即石雕、砖雕、木雕。李苦禅纪念馆也在万竹园内，且万竹园又引入了现代名家的书画艺术品和名家书写的楹联匾额。如今，书法、绘画、楹联匾额等名家作品，与园中的建筑相得益彰，成为万竹园的"新三绝"。

李苦禅（1899—1983），出生于山东省高唐县三十里铺李奇庄，原名李英、李英杰，字超三、励公，中国近现代大写意花鸟画家、书法家、美术教育家，其绘画代表作品有《兰竹》《双栖图》《墨荷》《红梅怒放图》《晴雪图》《墨竹图》《盛夏图》《劲节图》《松鹰图》《盛荷》《群鹰图》《水禽图》等；出版有《李苦禅画选》《李苦禅画集》等。

李苦禅纪念馆于1986年6月建成开放。因李苦禅大写意意态纵横，与园并美。纪念馆共有14个展室，400余件书画作品。其中《红梅花怒放》《松鹰图》《劲节图》等，皆为作者晚年佳品，并有绝笔之作——楹联"至圣无域泽天下，盛德有范垂人间"，系去世前三日应邀为日本长崎孔子庙所书。此外，还有其所藏明清字画及生平照片、书信以及按其在北京的故居所布置的书房、会客室等。

白龙湾泉

　　白龙湾泉位于趵突泉园区内，在万竹园西南侧。1993 年在此建楼，因开挖地基，水面扩大至 7303 平方米，久旱不涸。1999 年重建池岸，面积为 1500 平方米。泉水出露形态为渗流，长年不竭，积水成湾。白龙湾泉曾是趵突泉泉群中涌水量第二大泉，仅次于趵突泉。据 1965 年山东省地质局水文地质观测总站编制的《济南泉水一览表》记载，白龙湾位置在"围屏街 47 号里院"，"泉水上涌，冒泡，涌沙"，最小流量194.4 升 / 秒，最大流量 316.0 升 / 秒。那时的趵突泉泉群被称为"趵突泉—

白龙湾泉　左庆摄

白龙湾泉　左庆摄

白龙湾泉群"。今泉池为自然土石状，深 2.46 米，池广水深，清莹碧透。池周山石秀美，起伏错落。

　　白龙湾泉疑为历史上趵突泉西面的白龙池。白龙池最早著录于明崇祯《历乘》。《历乘》卷三《舆地考》称"白龙池：圆通寺西"，卷五《建置考》称"圆通寺：城西南一里，唐贞观建"。崇祯《历城县志》则称"登州泉，趵突泉西角。圆通寺侧，即今白龙池"，此后，明、清志书大都沿袭崇祯《历城县志》的说法，清代志书称登州泉即白龙池，位于趵突泉西的圆通寺附近；民国《历城县乡土调查录》《济南大观》《济南名胜古迹辑略》等书，均称登州泉在今万竹园内。民国志书中的登州泉，应该指的就是万竹园附近的白龙池。此外，清康熙年间山东巡抚周有德

20 世纪 60 年代的白龙湾

在《重修趵突泉记》一文中提到，"（趵突泉旧）亭之南开疏夹河，架以小桥，远引白龙、黑虎二泉流其下，环亭东西而北溯"，可见当时白龙池也被称为"白龙泉"（金《名泉碑》中也载有白龙泉，但那个白龙泉是古七十二泉之一，位于济南东 30 里外的龙洞，与此白龙泉并非一处）。民国时期，这里被称为"白龙湾"，面积不算大，位于原围屏街 47 号院内，附近的饮虎池、井影泉、道林泉等多处泉水都汇流于此，可惜上述三处泉现在都已被填埋（现在的饮虎池是另外选址恢复的，并非原来的饮虎池）。

据《济南老街史话》中秦若轼所撰《围屏街》一文介绍，围屏街位于趵突泉西南。东起趵突泉前街、花墙子街、南新街路口，西到西青龙街、饮虎池街、上新街路口，东西长约180米，宽约5米，沙石板路面。清光绪二十八年（1902）《省城街巷全图》、民国《续修历城县志》均有载，但所记均为"韦平街"。清光绪年间的"韦平街"，东自药王庙街，西经饮虎池街，北通斜街大庙，南通半边店街。1965年，围屏街并入趵突泉路；1980年街道整顿时，又被纳入其西的西青龙街；1985年街北划归趵突泉公园；1991年后成为泺源大街的一部分。位于原围屏街47号院内的白龙湾泉，泉池蜿曲，长50米，宽10米。1999年，白龙湾泉和万竹园都被划入趵突泉公园。

饮虎池

现饮虎池位于市中区泺源大街与饮虎池街南首交界处东北，在泺源大街北侧人行道旁，街因泉而得名。饮虎池属于趵突泉泉群之名泉，原在饮虎池街和西青龙街交界处。池周有约1米高的方形围墙，3米见方，古色古香。水深1米多，清澈见底，原为周围群众饮用之水。

1965年《济南泉水一览表》记载饮虎池位置在"饮虎池街37号南"，"泉眼已见不到，该泉集西、南两路多个泉水于此成明渠流"，最小流

饮虎池纪念池　左庆摄

20 世纪 60 年代的饮虎池

量 77.4 升／秒，最大流量 137.2 升／秒。

1993 年拓建泺源大街时，饮虎池正好位于规划中的马路中间，无法避开，被填埋。2001 年择今址重建，泉池为石砌长方形，长 6.16 米，宽 4 米。池畔假山上塑有三只老虎，似为一家三口，雄虎探身欲向池中饮水，雌虎举头瞭望，幼虎依偎于雌虎边嬉戏，妙趣横生。

据《济南老街史话》中秦若轼所撰《饮虎池街》一文介绍，饮虎池街是一条位于万竹园西侧的区间街道。街道平直，因是南北走向，曾名"朝阳街"。据1982年《济南市地名志》载，饮虎池街位于国货商场西北侧，北起土街南口，南止西青龙街，街长106米，宽4米，门牌1—33，2—26号。沥青路面，街道两旁皆平房，为居民住宅。清康熙四年（1665），奉天人罗文瑜，字辉山，进士，曾任济南知府，在任时做过一些为国利民之事，口碑较好，过世后，在本街建"罗公祠"以祀之。光绪年间，因其与南券门巷祀剃头匠祖师爷的"罗祖祠"几近重名，人们便将这里的罗公祠改名为"大庙"，故街名亦相应称为"大庙街"。清光绪《省城街巷全图》有记载。后大庙失修致废。20世纪20年代以后，街名又以街南头的泉池"饮虎池"而名为"饮虎池街"。今饮虎池街，原来位置未变化，又将其北的原土街纳入，形成了南自泺源大街、北过长春观街并顺接于永长街的一条宽阔平整大道。

原饮虎池，位于街南首十字路口的中央。泉池东为围屏街，西为西青龙街，南是饮虎池前街（20世纪20年代以前叫半边店街，1980年以后并入上新街），北边是饮虎池街。泉池石砌方形，边长各2.4米，深2.25米，池岸四周护以1米高的石栏，顶部上覆长条大青石，池西壁嵌池名石刻，水口在北，经过暗涵注入东北方的白龙湾。饮虎池属于趵突泉泉群，但不在七十二名泉之列。在济南众多的泉池中，位于交通要道中央的仅饮虎池一例。车辆于此都要放慢速度稍拐，往来人员多好奇地驻足趴于护墙上观看，附近的孩子们更是爬上跳下地游戏玩耍，以致把那墙顶的大青石打磨得光滑明亮，饮虎池因之也就更有名气。

饮虎池街商居相间，早年的街上有一家小有名气的顺德成肥皂厂。20世纪三四十年代，一李姓人于本街建肥皂厂，一是这里水源方便，二是主要生产原料牛油可就近供应。一时肩挑车推来送牛油者络绎不绝，肥皂经营很是兴旺。抗战胜利后，国民党官僚资本大搞投机，加上物价上涨，交不完的苛捐杂税等，民族工业遭到严重打击，顺德成肥皂厂也

20 世纪 80 年代，位于饮虎池街的饮虎池

深受其难。为了改变处境，商家将厂子迁到山西省太原市，全部设施和部分人员前往，之后成了太原洗涤用品的主要厂家。

原饮虎池在20世纪90年代被填埋后，不仅令济南本地居民感到惋惜，也在很多久居外地的济南游子中引起了巨大反响。祖籍济南西关的作家张承志曾专门撰文纪念，他的《饮虎池》一文读来至今仍让人动容：

去年的什么时候，收到一封家信，中间讲到济南家乡已经改建，"你若再回来，就看不见杆石桥和饮虎池了"。接到信时我正在日本，读着这句话时心并没有什么悸动。

我当时和此刻都无法表述自己的心情。已经是两代游子，连惋惜的资格也没有了。我感到这颗心早已长出一层硬甲，坚冷如冰。

我已经能够习惯掩饰，哪怕它被击裂出血。饮虎池消失了，心里像倾进一股雪水。我没有颤抖，我知道，当人们都失去它的时候，它就属于我了。

……

那一天，从我得知饮虎池消失的音讯那一天起，他的形容情调就一天天地在我记忆中复苏。棱角分明的池栏墙，素色的砖石，紧挨着的穷人的家——使我百思不得其解的是那面积和名字：他比几口井加起来还大，却比任何一个水塘更小；相邻几户人家用他不尽，杆石桥外几条街人用他不够——难道真是虎的饮水之地吗？……

是谁，把灵性给了为他命名为饮虎池的人？

而今天饮虎池也逝去了。

我们没有来得及弄清饮虎池的秘密。我从未对人说起过关于他的心情。以前独自遐想的时候，有时我暗暗想自己有了机会也许能弄清楚，但如今池填人散，再也不可能了。

这虎的气概，虎的纯真，虎的美丽，已经伴随着人的流动散向了天南海北。未来也许科学能结束盲聋，穷究人的秘密，那时饮虎池的秘密和贵重将会使世人震动。会有那么一天到来的，我一直这样想。

青龙泉

　　青龙泉在济南旧城区曾有多处，而且泉名都与济南东、西两条青龙街有关。据王钟霖《历下七十二名泉考》记载："东门外青龙街中间，临城河有响水闸水磨，名'东响闸'。近闸有泉，泉上堆土石为山，古柏、小庙，颇具峰峦之致，题曰'海岛金山寺'。东郊青龙桥，夏秋山泉齐发，过桥而北，入城河。历下东面诸泉，《志》皆未载，兹即街名，名泉曰'青龙'。"这处青龙泉位于东护城河响闸附近，也就是今天的新东门桥附近。此泉只记载于《历下七十二名泉考》中，早已消失。巧的是，在此泉位

青龙泉　左庆摄

119

置不远处的（老）东门桥南面的护城河边，近年来新发现了一处泉水，因位于东青龙街以西而名为"青龙泉"，目前该泉已成为一处自发形成的市民取水点。而在趵突泉西南面的西青龙街附近，原来也曾有一个青龙泉。

1965年《济南泉水一览表》记载，青龙泉位置在"西青龙街派出所院内"，出流情况为"徐徐出流"，泉水尚可饮用。1983年泉水调查时已被填埋。

西青龙街，即今泺源大街西段（南新街北口至顺河东街一段），西青龙街的历史可上溯至明末，明崇祯《历城县志》记载有"趵突泉大街"，西青龙街是当时趵突泉大街的西段。另据现存清咸丰七年（1857）《重修青龙街东首小寺北房记》碑文，其中有青龙街之记载。后又因区别于东关青龙街，冠以"西"字，始称"西青龙街"。1965年，围屏街、西青龙街被并入趵突泉路。1980年整顿街道门牌时，复称"西青龙街"。1991年，西青龙街被并入新建成的泺源大街。

井影泉·道村泉

据《济南泉水志》记载，井影泉，位于市中区原饮虎池街 34 号，1983 年泉水调查时已被填埋。道村泉，位于市中区原饮虎池街 17 号，1965 年《济南泉水一览表》收录，位置在"手工业管理局后院"，"淤塞严重"。1983 年泉水调查时已被填埋。

在 1933 年《济南市区图》上，在饮虎池南面的饮虎池前街（今上新街北段）南端西侧，标注有一地名"道村"，道村泉应该得名于此。提起"道村"，可能大家都比较陌生，不过，一张 20 世纪 30 年代末日据时期的老照片，揭示出这里曾经是臭名昭著的亲日组织"新民会山东省指导部"所在地。1937 年日本侵华战争全面爆发后，1937 年 12 月 24 日，日本特务部文化组组长小泽开策和伪满实业总长张燕卿等人在北平发起成立"新民会"，这是日军参谋部和特务机关一手炮制的汉奸文化组织。"新民会"最初只是跟随日军在占领区进行奴化宣传。1938 年 7 月，"新民会山东省指导部"成立后，"新民会"开始与山东伪政权相结合，在山东境内进行奴化宣传。

在 20 世纪 60 年代末的《济南市区所有泉水观测点分布图》上，道村泉在上新街西侧的道村附近。与《济南泉水志》及秦若轼所撰《饮虎池街》一文所述"道村泉位于饮虎池街 17 号"的位置有较大出入，而且，陶良喜编著的《济南的泉水》一书和秦若轼所撰《饮虎池街》一文，都将道村泉误记为"道林泉"。

1938 年的道村

　　根据地图显示，道村泉位于徐家花园附近，徐家花园位于今山东剧院以北，1917年军阀徐鸿宾在此购地约1公顷，建私人住宅和花园各一处。形成街巷后，把徐家花园引为街名。1934年《济南市政府市区测量报告书》中载有徐家花园。后来，原徐家住宅和花园几经改建，其住宅旧址改为山东省电子工业局，花园旧址驻有山东省歌舞团。

　　据《济南老街史话》中秦若轶所撰《饮虎池街》一文称："（饮虎池）街上除有饮虎池外，还在街南段路西34号院内有井影泉，街中段路东17号院内有道林（村）泉，士人又以户家姓叫为'陈家泉子''唐家

20世纪60年代的道村泉

泉子'。由于这一带地下水位较高，户家的院子里有井的不少。以上两泉，1960年前后即已填埋。而饮虎池，也于1991年泺源大街展宽建设时，被填埋于道路之下。……街上的这三处泉子，虽说水量不大，但为泺水发源于趵突泉（群）的最上游泉子。三处泉水出流后，都分别向东流入万竹园白龙湾内。"

此外，今趵突泉园区内沧园西北侧的枫溪边有一处泉水，用太湖石砌成圆池状，也被命名为"井影泉"。

通惠泉

　　通惠泉原位于上新街北段（旧称"半边店街""饮虎池前街"）路东、山东劝业商场内。此泉开凿时间不详，最早见于民国文献记载。

　　1931年起，山东省建设厅系统疏浚济南名泉，以为小清河补充水源，提升小清河航路之运力。同年11月，《山东省建设月刊》所载的《小清河航路及泉源水道图》中，曾标注"通惠泉"，编号为"52"，其大致位置在趵突泉以南、新建门西北方。

　　1933年5月28日《申报》所载《鲁建厅疏浚济南名泉》一文中，著录济南泉水55处，其中第36处泉水即为通惠泉，"在济南商场院内，

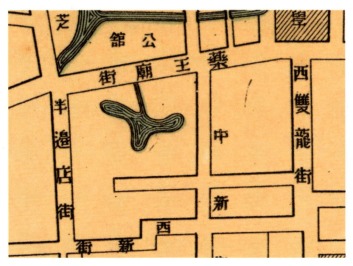

据1924年地图，工艺局内绘有泉景及小桥

据 1928 年地图，半边店街东侧泉景的水源当来自通惠泉

北面石碑刻有泉名"。此"济南商场"，即山东省劝业商场，俗称"劝业场"。1934 年在"提倡国货，抵制日货"的时代大背景下，一度专售国货，遂改称"国货商场"。山东劝业商场为 1927 年由山东督办张宗昌改建而成，前身是山东工艺传习所。山东工艺传习所的前身是山东工艺局，为 1902 年由山东巡抚周馥设立。1924 年《续修历城县志》所附地图显示，工艺局院内已有水景和小桥。由此推断，通惠泉可能开凿于清末民初，是谁为其命名，待考。

1948 年，《地质论评》杂志刊发国立北洋大学采矿系地质学科学者方鸿慈撰写的《济南地下水调查及其涌泉机构之判断》一文，首次将济南泉水归纳为四个涌泉群：趵突泉涌泉群、黑虎泉涌泉群、贤清泉涌泉群和北珍珠泉涌泉群。此篇论文提出，趵突泉涌泉群包括"趵突泉、通惠泉、马跑泉、杜康泉、饮虎泉、橛泉等十四处以上"。由此可见当时的通惠泉知名度之高。

1968 年《济南市区所有泉水观测点分布图》曾手写标注"通惠泉"。

民国时期，山东省劝业商场照片中的前景泉池疑为通惠泉

1989 年《济南市中年鉴》和 1997 年《市中区志》曾约略记载，西青龙街道办事处辖区内有通惠泉。但在 1978 年底和 1983 年的两次泉水调查中，均未记载此泉。据上述记载推测，通惠泉可能于 20 世纪 70 年代湮失。

围屏泉

据《济南泉水志》记载，围屏泉在原围屏街 70 号南。1965 年《济南泉水一览表》收录。1983 年泉水调查时已被填埋。

1965 年《济南泉水一览表》记载，围屏泉在白龙湾（围屏街 47 号里院）南金宅。出流情况为"泉水上溢"，利用情况为"饮用"。

据《济南老街史话》中秦若轼所撰《围屏街》一文介绍，围屏街北一院内（门牌 70 号）旧有围屏泉，街以泉名。泉为何以"围屏"为名，无考。

围屏街位于济南府城西出的通衢大道上，加之趵突泉在近旁，故平日车水马龙，喧嚣热闹。同时围屏街又是一条极具特色的街道。一是街上泉池众多；二是于闹市中有一所大隐于市、幽静美丽的著名庭院——万竹园；三是于清末"新政"时，沿街南建起了一处大型商场。故围屏街在旧时的济南人人皆知。

围屏街北侧原本是地势低洼的郊野之地，这里泉水淙淙，河渠纵横，面积广阔，竹林成片，早年曾是私家园子或菜地。内有列入金《名泉碑》和明《七十二泉诗》的东高泉、望水泉，以及未被列入七十二名泉的白云泉、迎香泉、白龙湾和围屏泉等 6 泉。

围屏街路南侧为早年的工艺传习所，后为"劝业场"，也叫"国货商场"。工艺传习所东邻南新街，西靠上新街，原是一处风景宜人的大院落。1927 年，山东督办张宗昌在本街的沿街路南盖起一排平房作为商

20 世纪 60 年代的围屏泉

店，并把院内的土山、花木铲掉，把河池填平，改为"劝业商场"，亦称"劝业场"。1934 年又改名为"国货商场"。后几经整修，20 世纪40 年代时，规模宏大的劝业场成为邻街的主商业区；院内偏东空地为小商贩、玩耍表演地；西边罩棚和南侧平房为文具书店区；院西南是影戏院、说书场；东南侧是前店后坊的杂货店等。1948 年前后，商场内又调整或重建了百货、文具、绢花、书店、布匹、服装、鞋帽、电器、理发、食品、土特产等各类商店，成为济南西关的一处繁华之地。劝业场在"文化大革命"后，除了靠街的北楼还有几处商店外，其余大都成了居民居住区。2000 年前后，随着泺源大街的扩建拆迁，当年的劝业场已无迹可寻。

对康泉

据《济南泉水志》记载，对康泉在原五路狮子口 27 号（应为 37 号）院内。1965 年《济南泉水一览表》收录。1993 年改建回民小区时，被埋在居民楼下。

据《济南泉水一览表》记载，对康泉在"五路狮子口 37 号院内"，出流情况为"由两个泉眼组成"，利用情况为"饮用"，最小流量 1.0 升 / 秒，最大流量 6.4 升 / 秒。

对康泉的得名应与其东面不远的杜康泉（北煮糠泉）有关。在《济南的泉水》一书"趵突泉群分布图"中，对康泉与杜康泉隔着斜街东西相对，故名"对康泉"。

五路狮子口（街）位于剪子巷以西，土街以东，旧时是土街、斜街、长春观街、大杆巷、剪子巷五条老街巷的通达会合处，且因街西边长春观庙门前有两座大石狮而得名。清乾隆《历城县志》记载："长春观前，曰五路狮子口。"清光绪《省城街巷全图》中也明确标有"五路狮子口街"。1992 年，杆石桥片区改造，五路狮子口街被拆迁。

迎香泉

迎香泉，原在万竹园（围屏街 13 号）的二门内西侧。原为无名泉，20 世纪 90 年代中期，济南市建委调查时取名为迎香泉。在月牙形水池内，有三个泉眼，丰水期喷涌甚烈，俗称"小趵突泉"。曾被收录入 1997 年版《济南市志》和《济南泉水志》，现已消失。

关于"小趵突泉"的来历，应该是民国初年张怀芝修筑万竹园宅邸时偶然挖出，并加以营建的。此事在民国文人徐一士的一篇游记中有记载。据徐一士 1934 年发表在《国闻周报》上的《济游杂忆》一文称："记得离趵突泉不远，张怀芝盖的一所房子，花园中一个大池子里，也建设了三股水，比趵突泉的两个新三股水更早。"

万竹园南院原围屏街 13 号的大门为垂花式样，进门北行，有 6 ~ 7 米宽、60 ~ 70 米长的石板甬道，直至二门前的小石桥处。二门内迎面是一座假山，假山东南侧为东高泉；假山西南侧为小趵突泉，即后来的迎香泉。

据原济南园林局副局长、趵突泉公园主任贾祥云介绍，1980 年时，万竹园由三家省级单位的下属处室使用：东院由卫生厅使用，西院由检察院使用，花园由教育厅使用。南院当时还保留两进院，东院的泉池填了当作传达室，内院把垂花门拆了做锅炉房。房子屋顶坏了以后都换成了大红瓦，窗户改成了大玻璃窗。西花园全部拆除成了工厂。1980 年 12 月，贾祥云过去拍了照片，给《人民日报》写了一封信。1981 年 1 月，

《人民日报》把贾祥云的来信刊登了出来，题目是《一座名园毁在旦夕》。1981 年 2 月，副省长李予昂带着省里的一行人到现场查看后，要求立即停止一切破坏行为。1982 年，省政府要求济南市拿出恢复改建万竹园的方案。方案在 1983 年得到省政府批复同意，将万竹园划归趵突泉管理（不含前院）。1984 年，开始对万竹园进行改造修复。

很可惜，1996 年，泺源大街扩建时，围屏街 13 号的垂花门及万竹园南院（围屏街 14 号）被拆除。1999 年，趵突泉园区扩建时，万竹园被正式并入趵突泉园区。在这一时期，"小趵突泉"（迎香泉）也随着园区建设而消失了。

劳动泉

据 1997 年版《济南市志》记载：劳动泉，在原趵突泉后门街 16 号门前。20 世纪 50 年代初发现，并正楷书"丹泉"石刻，镶嵌于泉池南壁上，后改称"劳动泉"。泉池呈井形，以砖石砌垒，水质清澈甘甜，为附近居民饮用水水源。1960 年，趵突泉公园扩建时被填埋。

南姝泉·北姝泉

南姝泉位于历下区趵突泉街道南新街43号南院北墙下，为2021年3月济南泉水普查时新发现的泉井。此泉原为无名泉，2021年被定名为"南姝泉"。据现房主介绍，这座房子是他购买的，装修时发现了南姝泉，当时只是一个很普通的井口。后来，他把井口更换为汉白玉古井栏，井栏外增建一个长方形泉池，池中添置了一块观赏石，泉池外设青石护栏。古井、奇石、白墙与池中悠游的金鱼相互映衬，情趣盎然。

北姝泉位于历下区趵突泉街道南新街43号北院南墙下，为2021年

南姝泉　左庆摄

北姝泉　左庆摄

3月济南泉水普查时新发现的泉井。此泉原为无名泉，2021年被定名为"北姝泉"。此泉与南新街43号南院北墙下的泉井遥相对称，依然保持着原始风貌，与南面一墙之隔的南姝泉俨然是一对"姐妹双姝"。北姝泉外观为砖石混筑圆口井，上部为砖砌，下部为石砌。由于多年不用，井内水色幽深，水面距地面约3米。

　　南新街是趵突泉公园南门对面的一条南北小街。北起泺源大街，南至文化西路。南新街以西，是与其平行的南北小街上新街。据《济南老街史话》中任宝祯所撰《南新街》一文称，南新街的得名，"当与在其东侧不远处的新建门有关"。"宣统二年（1910），在南圩子墙外新建齐鲁大学处开辟了新建门。""随着新建门的开辟，在该圩子门西侧的两条南北小巷也分别冠以'新'字，被命名为上新街和南新街。"据山东大学校史资料称，1907年，共合医道学堂（齐鲁大学医科前身）在济南南新街购地建设新址及医院。1908年，又在济南西南南圩子外、共合医道学堂新址南面，以"永租"为名强购土地545亩，作为山东基督教共合大学（齐鲁大学前身）新址，为方便学校和已建医院的交通往来，地方政府专门在南圩子城墙上辟"新建门"。1917年9月，共合医道学堂及师范学校、潍县广文大学迁至济南新校址。同时启用"齐鲁大学"作为中文校名，英文名称为"Shantung Christian University（Cheeloo）"［山东基督教共合大学（齐鲁大学）］。而据1927年《济南快览》称，民国八年（1919）添设新建门。

通过查阅济南史志资料和济南老地图可以发现，南新街和上新街并非同时出现，而且，除了南新街和上新街，历史上这一区域还曾出现过"中新街""东新街""西新街"等街名。此外，在上新街以北的"土街"以西，还曾有"新街"和"旧新街"等街名。

在清光绪十五年（1889）《省城街巷全图》上，还没有出现"南新街"和"上新街"两个街名，这个区域里仅有南北方向的"半边店街"和东西方向的"营盘街"两个街名，而在"半边店街"以北的"土街"以西，有一条南北向的"新街"。

在清末的一张《历城街道图》（以《省城街巷全图》为底本绘制）上，"英领事府"西侧标注有"西新街"，未标注"齐鲁大学"和"新建门"。此外，该图上在永绥门外标有"高等学堂"。因"山东高等学堂"这一校名的存在时间为1904～1913年，英国领事馆在南新街的存在时间为1906～1914年，因此，《历城街道图》的绘制时间应为1906～1913年。

据1914年《济南指南》记载，山东公立商业专门学校、济南外国语专门学校附设中学校、医道学校（即共合医道学堂）和省立第一模范初小校等学校的校址，以及南关浸礼会和英国领事馆的地址，均在"新街"（此"新街"应为"南新街"——编者注）；农会和德国博物院的地址，在"上新街"；美国医院的地址，在"南新街"。在《济南指南》所附地图《济南城厢图》上，在"英领事（馆）"西北侧标注有"西新街"、南侧标注有"南新街"，在"土街"以西标注"新街"。未标注"齐鲁大学"和"新建门"。

在1921年8月发行的《济南明细地图》（日本绘制）上，南圩子墙上标注"新建门"，"新建门"内标注"南新街"，"南新街"西北侧标注"西新街"，"土街"西侧标注"新街"。未标注"齐鲁大学"。在1921年11月发行的《济南地图》（日本绘制）上，标注有"齐鲁大学"。

在1924年成稿的民国《续修历城县志》卷三《地域考二》中，"城外关厢"的"西关南保三"中，记载有"新街"，这个"新街"应该就是光绪《省城街巷全图》中的"新街"；在《续修历城县志》所附的济南地图上，"土街"以西标注"新街"，此地图未标注"新建门"，在南圩子墙以南标注了"齐鲁大学"，在南圩子墙以北标注了"上新街"和"半边店街（今上新街北段）"；上新街和半边店街以东，营盘街以南，南北方向标注了"中新街"和"南新街"；中新街两侧，各有三条东西方向的小巷，分别标注了"东新一街""东新二街""东新三街""西新一街""西新二街""西新三街"。

在1928年发行的《山东省垣详细图》上，此区域除了《续修历城县志》所附的济南地图上标注的街道外，还标注了"新建门"，"新建门"内的南北街道标注为"新建门里"。

1933年发行的《济南城埠全图》上，原"半边店街"标注为"饮虎池前街"，原"新街"标注为"旧新街"，"西新一街""西新二街""西新三街""东新一街""东新二街""东新三街"和"新建门里"均已撤销。

1934年版的《济南市市区测量报告书》中，"城外一区"记载为"南新街"，"城外二区"记载为"旧新街"和"上新街"。

由此可见，清末民初在南圩子墙以内出现的"上新街""南新街"等几条"新街"，其街名不是来源于"新建门"，而是源于土街西侧的老"新街"。"上新街"因地势高于"新街"而被称为"上新街";"南新街"
因位于"新街"以南,被称为"南新街";"中新街"因位于"南新街"
和"新街"之间,被称为"中新街";"南新街"两侧的东西向街道则
被称为"东新街"和"西新街"。后来,"中新街""东新街"和"西
新街"的街名被撤销,都被并入"南新街"。

舒泉

　　舒泉位于历下区趵突泉街道南新街 58 号老舍故居内西屋前。外观是一口置有青石井栏的老泉井，井壁为青石砌筑，泉水清澈，水面距地面仅 2 米多。据了解，此泉井乃老舍先生当年浇花泡茶的取水之处。此泉原为无名泉，2021 年将其定名为"舒泉"，以纪念老舍先生。

　　南新街是清末民初生成的街巷，小街的长度虽然不过 500 米，却是

舒泉　左庆摄

一条名人辈出的文化之街。民国时期，这条街上曾经居住过齐鲁大学文学院教授、著名文学家老舍先生，齐鲁大学考古学教授、有"甲骨学西方第一人"之称的加拿大人明义士，中国病理学与生物化学创始人之一、齐鲁大学医学院院长江镜如，山东高等审判厅厅长、被誉为"民国成立后山东法官第一人"的张志，山东画院院长、著名书画家黑伯龙。中华人民共和国成立后，这条街上曾经居住过山东京剧院院长、著名京剧表演艺术家方荣翔，山东省京剧院演员、国家一级演员宋玉庆，以及舒同、谭启龙、余修、晁哲甫、李予昂等山东省领导同志。这些文化艺术界、教育界和政界名人中，最广为人知的，当属老舍先生。

民国时期，老舍先生两度在齐鲁大学执教，南新街58号（旧门牌号为54号）是他在济南居住时间最长的一处小院。1931年夏，新婚后的老舍与夫人胡絜青双双回到济南，在南新街租了一个带泉井的草房小院定居下来，一直到1934年初秋赴青岛教学前，老舍婚后的3年都在此度过，他的大女儿舒济便出生在这个小院。南新街周围有国货商场、趵突泉、山水沟大集，浓郁的市井文化氛围也成为他创作的源泉。在南新街生活的这段时间，是老舍一生创作的黄金时期。据统计，1932～1934年，老舍连续有《猫城记》《离婚》和《牛天赐传》三部长篇小说问世。当时开国术馆的济南知名回民拳师马子元先生住在上新街。1933年夏至1934年秋，老舍曾跟着马子元学过一年的武术。"月棍、年刀、一辈子的枪"，老舍后来发表的名作《断魂枪》就是这么写的。

老舍在他的文章中，表达了对济南特殊的感情。老舍先生在《吊济南》一文中这样写道：

> 从民国十九年七月到二十三年秋初，我整整地在济南住过四载。
> 在那里，我有了第一个小孩，即起名为"济"。在那里，我交下不

少的朋友：无论什么时候我从那里过，总有人笑脸地招呼我；无论我到何处去，那里总有人惦念着我。在那里，我写成了《大明湖》，《猫城记》，《离婚》，《牛天赐传》，和收在《赶集》里的那十几个短篇。在那里，我努力地创作，快活地休息……四年虽短，但是一气住下来，于是事与事的联系，人与人的交往，快乐与悲苦的代换，便显明地在这一生里自成一段落，深深地印划在心中；时短情长，济南就成了我的第二故乡。

它介乎北平与青岛之间。北平是我的故乡，可是这七年来，我不是住济南，便是住青岛。在济南住呢，时常想念北平；及至到了北平的老家，便又不放心济南的新家。好在道路不远，来来往往，两地都有亲爱的人，熟悉的地方；它们都使我依依不舍，几乎分不出谁重谁轻。在青岛住呢，无论是由青去平，还是自平返青，中途总得经过济南。车到那里，不由得我便要停留一两天。趵突泉，大明湖，千佛山等名胜，闭了眼也曾想出来，可是重游一番总是高兴的：每一角落，似乎都存着一些生命的痕迹；每一小小的变迁，都引起一些感触；就是一风一雨也仿佛含着无限的情意似的。

2006年，南新街58号老舍故居被山东省人民政府列为省级文物保护单位。2014年6月，老舍故居经修缮对社会开放。